SERVIETTEN *falten*

**50 Faltideen
für jede Gelegenheit**

SERVIETTEN *falten*

50 Faltideen
für jede Gelegenheit

Denise Vivaldo

HEEL

Inhalt

Danksagung der Autorin

Meine Mutter liebte es, den Tisch geschmackvoll zu decken. Feines Porzellan, Blumen, Tischwäsche – für all das benötigte sie keinen besonderen Anlass, ein liebevoll gedeckter Tisch gehörte bei uns zu Hause zum Alltag. Danke, Mom, dass Du mir beigebracht hast, schöne Dinge zu genießen. Danke auch dafür, dass Du mir Deine Gabe vererbt hast, Gäste glücklich und zufrieden zu machen. Dieses Buch ist mehr das Deine als das meine.

Ein Buch zu schreiben und herauszugeben ist Teamarbeit. Ich bin dankbar dafür, dass ich mit so vielen fähigen Menschen zusammenarbeiten durfte. Andernfalls hätte ich mich gar nicht daran gewagt. Zwei Tage habe ich bei diesem Unterfangen besonders genossen: Der erste war der, an dem ich den Vertrag unterschrieben habe, der zweite war der, an dem ich endlich das erste gedruckte Exemplar in meinen heißen, gierigen Händen halten konnte. Die Tage dazwischen waren ein Wechselbad aus Euphorie, Frustration und Erschöpfung. Ich vergleiche das Schreiben von Büchern gern mit dem Babysitting: Am schönsten ist es, wenn das Kind sauber und ruhig im Bettchen liegt.

Dieses Buch wäre ohne meinen Freund Jon Edwards, einen ebenso begabten wie großzügigen Fotografen, nicht möglich gewesen. Von Jon stammen nicht nur die meisten Bilder in diesem Buch, er hat auch Hand in Hand mit dem Verlag gearbeitet und im Laufe von sechs Monaten etwa 2000 Fotos geliefert. Er sagte nie: „Nein, heute kann ich dir nicht helfen, Denise" – selbst an Tagen nicht, an denen wir den Eingang zu seinem Studio mit Körben und Kartons voller Servietten und Requisiten verdunkelten. Jons Mitarbeiterin Heather Winters, selbst eine großartige Fotografin, hat uns unschätzbare Dienste erwiesen. Ich danke beiden vielmals!

Die geschickten und fähigen Hände, die Sie auf den Schritt-für-Schritt-Fotos sehen, gehören Cindie Flannigan und Jennifer Park, den besten (und schlechtbezahltesten) Handmodels der Welt. Cindie hört auf den Spitznamen „Flinke Hand", jede Serviette ist ihr unterlegen. Viele Faltungen hat Cindie erfunden oder umgestaltet. Setz' sie vor einen Stapel Servietten, und sie ist ganz in ihrem Element. Meine Erfahrung im Serviettenfalten stammt aus meiner Zeit beim Partyservice, bei dem jede Faltung, die man einem Kellner in zwei Minuten beibringen kann, zum Erfolg wird. Unsere hinreißende Assistentin Jennifer Park hat viele der schwierigeren Faltungen gemeistert. Sie ist noch jung und gelenkig genug! Ihr beiden außergewöhnlichen Frauen wisst, dass dieses Buch ohne Euch nicht gedruckt worden wäre!

An das Verlagsteam von Robert Rose Publishing: Ich hoffe, Ihr habt dieses Experiment ebenso genossen wie wir. Danke!

An Lisa Ekus und ihr Team: Ich hätte keine bessere Freundin und Agentin finden können. Und danke, Lisa, dass Du mein Gejammer ertragen hast, immer wenn ich vergessen habe, was für ein Glückspilz ich bin. Ich hätte die „Gagfaltung" für mich selbst entwerfen sollen.

Danke an Martha Hopkins für ihre ständige Unterstützung und die unglaubliche Hilfe. Du servierst ausgezeichnete Ratschläge auch dann noch mit Humor, wenn das Schiff schon zu sinken droht. Schade, dass der Kapitän der Titanic nicht anstelle der Bordkapelle Martha an seiner Seite hatte!

Laura Meyn, Kristen Green Wiewora und Mandy Unruh, bitte ändert Eure Telefonnummern nicht. Martha, Cindie und ich brauchen Euch drei!

Und schließlich gilt mein Dank auch meinem Ehemann Ken Meyer, der eine Stoffserviette auch dann zu schätzen weiß, wenn ich nicht zum Kochen gekommen bin. Eine Stoffserviette, so sagt er, lässt ihn zumindest hoffen …

— Denise Vivaldo

Vorwort

Schon in meiner Kindheit habe ich den Tisch gedeckt. Es war die Aufgabe, die ich, als jüngste der drei Schwestern, am besten erfüllen konnte. Heute, Tausende professionelle Partys und Fotoshootings später, decke ich noch immer gern den Tisch! Ich liebe Teller, Gläser, Blumen, Tischkärtchen und das Falten von Servietten. Jeder Bestandteil des Tischdeckens bietet eine Gelegenheit, ein Essen fröhlicher, unvergesslicher und angenehmer zu gestalten. Legen Sie jedem Gast eine passende kleine Überraschung auf den Platz, und Sie können auf Entzückensschreie wetten.

Meine Arbeit als Caterer und Foodstylistin erfordert absolute Aufmerksamkeit fürs Detail. Wenn Sie den Tisch für Freunde, für die Familie oder auch nur für sich selbst hübsch herrichten, ist das eine einfache Möglichkeit, ein bisschen Glanz in Ihren Alltag zu bringen. Ich hoffe, dieses Buch inspiriert Sie zu ganz besonderen Ideen für Ihre nächste Party.

Im Einleitungsteil dieses Buches erfahren Sie alles Wissenswerte über das dekorative Falten von Stoffservietten. Er erläutert, worauf Sie beim Einkauf von Servietten achten müssen, welche Qualitäten und Formate sich am besten eignen, wie Sie perfekt gefaltete Servietten richtig platzieren und sogar, wie Sie Ihre Stoffservietten seltener waschen müssen (nämlich indem Sie personalisierte Serviettenringe verwenden). Anschließend lernen Sie in ausführlichen Anleitungen mit Schritt-für-Schritt-Fotos 50 fantastische traditionelle und neue Serviettenfaltungen kennen, mit denen Sie Eleganz und Pfiff auf Ihren Tisch bringen. Unter den leichten, mittelschweren und komplexen Faltungen findet wirklich jeder das Richtige.

Wenn Ihre Familie oder Freunde zu einer Party kommen und von einem umwerfend gedeckten Tisch begrüßt werden, wird auf den ersten Blick klar, welche Mühe Sie sich gegeben haben, allen einen fröhlichen und festlichen Abend zu bereiten. Einen Tisch hübsch zu gestalten löst sicher nicht alle Probleme dieser Welt, aber irgendwo muss man schließlich anfangen. Warum nicht zu Hause?

Einleitung

Einleitung

Warum sollte man überhaupt Zeit aufwenden, um Servietten zu falten? Ganz einfach deshalb, weil ein Tisch mit sorgfältig in Form gebrachten Stoffservietten Ihren Gästen das Gefühl vermittelt, etwas Besonderes zu sein. Gefaltete Servietten machen den Tisch zur Tafel, rufen aber auch die Erinnerung an Zeiten wach, in denen die Liebe zum Detail noch mehr galt als die Bequemlichkeit. Als Expertin für Partyservice und als Foodstylistin mit langjähriger Erfahrung bin ich es von Berufs wegen gewohnt, meine Aufmerksamkeit auf all die kleinen Details zu richten, die den entscheidenden Unterschied ausmachen. Aber nichts spricht dagegen, warum Sie es zu Hause nicht genauso halten sollten. Das Serviettenfalten ist mal mehr und mal weniger beliebt, aber ich weigere mich, es als verlorene Kunst anzusehen. Verbringen Sie ein, zwei Stunden mit diesem Buch, und Sie werden mehrere Faltungen beherrschen, mit denen Sie einen Tisch zeitlos elegant, im Retro-Stil oder modisch cool gestalten können. Wenn Sie glauben, Serviettenfaltungen seien nur etwas für Kreuzfahrtschiffe, sollten Sie bedenken, dass kunstvoll gefaltete Stoffservietten auf Ihrer Tafel Ihre Gäste entzücken, ohne auch nur einen Cent zusätzlich zu kosten. Außerdem verbannen sie Wegwerf-Papierservietten aus Ihrem Haushalt und bessern so Ihre Ökobilanz auf. Ist das modern genug?

Für den Anfang benötigen Sie nicht mehr, als ein paar Stoffservietten – und die haben Sie vielleicht bereits. Andernfalls beginnen Sie mit erschwinglichen Exemplaren. Servietten aus Baumwollstoff mittlerer Stärke in einer hellen, neutralen Farbe sind vielseitig und stilvoll. Wenn Ihnen das zu schlicht erscheint, denken Sie daran, dass auch eine frische Blüte, ein Tischkärtchen oder eine bunt verpackte Süßigkeit, die in die Serviette gesteckt wird, ebenso wie ein Serviettenring, ein Band oder eine Quaste Farbe und Abwechslung auf den Tisch bringen können, wenn Ihre Tischwäsche dezenter ist.

Stoffe

Stoffservietten verleihen dem Tisch einen Hauch von Luxus und sind eleganter und saugfähiger als ihre papierene Konkurrenz. Weil sie jahre- oder gar jahrzehntelang verwendet werden können, sind sie zudem ausgesprochen umweltfreundlich. Aber Stoff ist nicht gleich Stoff: Es gibt Servietten aus vielen verschiedenen Materialien – von 100 % Leinen, Baumwolle oder Polyester bis zu einer Vielzahl von Mischgeweben, in denen die erstrebenswertesten Eigenschaften der einzelnen Fasern kombiniert werden sollen. Bevor Sie Stoffservietten kaufen, sollten Sie testen, wie sich ein bestimmter Stoff in Ihrer Hand und am Gesicht anfühlt, wie er mit Ihrem Porzellan harmoniert und welche Pflege er erfordert.

Für Servietten gibt es Stoffe in allen möglichen Stärken, von hauchzart bis dick und fest, von denen sich manche besser als andere zum Falten eignen. Während eine sehr einfache Faltung bei einer dickeren Serviette üppiger wirkt, funktioniert eine aufwendigere vielleicht besser mit einer dünneren Serviette, bei der die mehrfachen Lagen nicht so stark auftragen. Bei jeder der 50 Faltungen in diesem Buch ist die empfohlene Stoffstärke angegeben, mit der die entsprechende Figur am besten zur Geltung kommt. Wenn Sie also eine bestimmte Faltfigur im Kopf haben, sollten Sie die Servietten kaufen, die sich dafür besonders gut eignen.

Leinen

Einst war ein Satz Leinenservietten – womöglich mit eingesticktem Monogramm – ein Muss für elegante Einladungen. Doch Leinenservietten sind teuer und müssen gründlich gebügelt werden. Leinen wird aus den Fasern der Flachspflanze hergestellt, die fester sind als die der Baumwolle. Es ist ein hochwertiges, elegantes und kühles Material – und ein haltbares dazu. Im Laufe der Zeit und nach wiederholtem Waschen wird es weicher. Zwar ist Leinen für seine Neigung zum Knittern berüchtigt, doch erreicht es gebügelt eine glatte, kühle Textur, von der Baumwolle oder Polyester nicht einmal träumen können. Wenn Sie in der glücklichen Lage sind, einen Satz Leinenservietten – neu oder ererbt – zu besitzen, nutzen Sie diesen Schatz, um einem festlichen Anlass eine elegante Note zu verleihen.

Baumwolle

Saugfähig, preiswert und weich ist reine Baumwolle vermutlich das beliebteste Material, wenn es um Servietten im privaten Bereich geht. Während sie für Gesellschaften normalerweise gebügelt werden müssen, reicht es für den Hausgebrauch oft, sie aus dem Wäschetrockner zu nehmen und noch warm zusammenzulegen. Baumwollservietten sind weit verbreitet: Man findet sie in Supermärkten ebenso wie in Fachgeschäften in vielen Farben und Mustern – von elegant bis alltagstauglich – in verschiedenen Stärken von zart bis rustikal. Denken Sie daran, dass Baumwollstoffe in dunklen Farben nach mehreren Wäschen ausbleichen, also nehmen Sie für den Anfang lieber einen neutralen, hellen Farbton.

Polyester

Servietten aus Polyester sind weniger saugfähig und luxuriös als solche aus Natur-fasern. Sie erinnern ein wenig an einen professionellen Büffet-Service und fühlen sich rauer an als Baumwoll- oder Leinenservietten. Andererseits müssen sie normalerweise nicht gebügelt werden, bleichen nicht aus, sind fleckresistent und preiswert. Manche Polyesterstoffe sind zu weich, um Faltbrüche zu halten. Daher eignen sie sich für die meisten Serviettenfaltungen nicht, am wenigsten für aufrecht stehende Faltfiguren.

Stoffservietten für jeden Tag

Manche Familien verwenden jeden Tag Stoffservietten und nehmen ihre Verantwortung für die Umwelt so ernst, dass sie ihren Kindern sogar Stoffservietten in die Brotzeitdose packen. Für solche Zwecke reicht jede Baumwollserviette aus. Brotzeitdosen sind genau der richtige Platz für Einzelstücke in Fehlfarben, aus Ihrer eigenen Sammlung oder aus dem Sonderangebot. Verwenden Sie für solche Zwecke Servietten, um die es nicht schade ist, wenn sie verlorengehen.

Mischgewebe

Beim Serviettenkauf werden Sie auch auf Mischgewebe aus Leinen und Baumwolle oder aus Baumwolle und Polyester stoßen, in denen sich die guten Eigenschaften beider Faserarten in Bezug auf Farbechtheit, Griff und Struktur, Preis und Pflege vereinigen sollen. Studieren Sie die Pflegeanweisungen zum Waschen und Bügeln genau, damit solche Mischgewebe bestmöglich zur Geltung kommen.

Andere Stoffe

Servietten lassen sich aus nahezu jedem Stoff anfertigen. Hanf ist gerade auf dem Vormarsch: wie Leinen eine feste, maschinenwaschbare Naturfaser. Im Handel finden sich auch Seidenservietten, die sich für manche Faltfiguren eignen und der Tafel besonderen Glanz verleihen.

Farben, Stile und Dekorationen

Leinenservietten in frischem Weiß sind eine fantastische Grundausstattung und eignen sich bestens für die meisten traditionellen Faltfiguren. Farbige und gemusterte Servietten hingegen wirken für viele Gelegenheiten weniger bieder. Pfiffig und modern in Form gebracht wirken sie als Blickfang auf dem Tisch. Die meisten von uns stellen für einen Tisch lauter gleiche Servietten zusammen, aber eine Variation ähnlicher Muster oder – bei größeren Gesellschaften – ein Wechsel zwischen Servietten in zwei oder mehr Unifarben kann sogar noch interessanter aussehen. Auch können Sie die Tafel abwechselnd mit zwei unterschiedlichen Faltfiguren

Servietten mit persönlicher Note

Sind Sie gelangweilt von Ihren neutralen Stoffservietten? Sie brauchen nur eine Nähmaschine und ein paar Borten, um sie aufzupeppen: Mit Ripsband, farbiger Zackenlitze oder einer frechen Pomponborte verziert, sind sie nicht wiederzuerkennen. Waschen Sie Borte und Servietten zuvor unbedingt, weil die Materialien unterschiedlich stark einlaufen können. Durch Stickereien lassen sich Servietten ebenfalls hervorragend verschönern, allerdings erfordert das Besticken mehr Zeit.

Wenn Sie Ihre Servietten ohne Nadel und Faden verzieren wollen, können Sie zu Textilmarkern greifen, die sich gut für Baumwoll- oder Polyesterstoffe eignen. Mit diesen wasserfesten Markern können Sie im Handumdrehen freihändig oder mit Schablonen Muster und Motive auf die Kanten oder auf die gesamte Fläche malen. Sie haben keine künstlerische Ader? Dann verwenden Sie Worte: Schreiben Sie Zitate, Gedichte, astronomische Zeichen und Lebensweisheiten in beliebigen Farben auf die Ränder. Probieren Sie den Text erst auf Papier aus, um die richtigen Buchstaben- und Wortabstände herauszufinden.

eindecken. Manche Gastgeber versehen sogar jeden Platz mit zwei unterschiedlichen Faltfiguren, was der Tafel eine besondere Dynamik verleiht.

Achten Sie beim Einkauf von Servietten nicht nur auf Stoff, Farbe und Muster, sondern auch auf die Webart, um festzustellen, ob sie sich für Ihren Tisch eignen. Hier einige weitere Aspekte, die Sie berücksichtigen sollten:

Gesäumte Kanten

Die meisten Baumwoll- und Leinenservietten sind gesäumt und sehen so besonders elegant aus. Die Ränder mancher Polyesterservietten hingegen sind nur mit Overlocknähten gegen das Ausfransen gesichert. Genähte Säume wirken aber hochwertiger.

Zierränder

Manche besonders schönen alten Leinenservietten sind mit handgehäkelten Borten oder Spitzen verziert. Sogar Taschentücher mit Häkelborten können vierfach gefaltet als Cocktailservietten eingesetzt werden. Es gibt auch viele moderne Servietten mit Zierkanten, beispielsweise solche mit Fransen oder Perlenborten. Manche Faltfiguren wie „Schlichte Schönheit" (Seite 56) bringen verzierte Ränder besonders gut zur Geltung, wählen Sie also Formen, die zu Ihren Servietten passen.

Servietten mit Hohlsaum

Mit Hohlsäumen verziert werden normalerweise Servietten aus Leinen oder Hanf: Dabei ist der breite Saum vom Hauptteil der Serviette durch eine filigrane Reihe geometrischer Stiche abgesetzt. Hohlsaumservietten sind meist einfarbig und wirken klassisch-elegant. Es gibt sie in allen gut sortierten Fachgeschäften zu kaufen.

Damastservietten

Damastservietten können aus Leinen, Baumwolle, Seide, Viskose oder sogar Polyester bestehen und zeichnen sich durch ihre Webmuster aus. Das Muster erscheint Ton in Ton nur durch die unterschiedliche Webart und den Schimmer des Stoffs. Solche Servietten, oft mit raffinierten Blumenmustern, sehen ausgesprochen festlich aus.

Servietten mit Monogramm

Mit Monogrammen bestickte Servietten bringen die Eleganz der guten alten Zeit auf den Tisch. Während einst ein Satz weißer Leinenservietten mit Monogramm in Weißstickerei ein übliches, wenn auch sehr großzügiges Hochzeitsgeschenk war, sind solche Schätze in modernen Haushalten seltener zu finden. Wenn Sie die Servietten Ihrer Großmutter geerbt haben oder zufällig auf einen Satz alter Servietten stoßen, sollten Sie sie verwenden, auch wenn sie nicht Ihre eigenen Initialen tragen: Tischwäsche aus altem Leinen ist normalerweise herrlich weich und verleiht der Tafel besonderen Charme. Und ein fremdes Monogramm sorgt für Gesprächsstoff. Manche Faltfiguren bringen ein Monogramm besser zur Geltung als andere. Für ein Eckmonogramm eignet sich beispielsweise das „Fünfeck" (Seite 40).

Größe

Zum Serviettenfalten eignen sich perfekt symmetrische Quadrate am besten. Beim Einkauf wird Ihnen vielleicht auffallen, dass zwar fast alle Stoffservietten quadratisch sind, aber keineswegs gleich groß. Offensichtlich gibt es keinen allgemein gültigen Standard. Grundsätzlich gilt: Je größer das Essen ist, desto größer sollte die Serviette sein. Für die meisten Faltfiguren in diesem Buch empfiehlt sich eine Serviettengröße von mindestens 50 x 50 cm.

Cocktailservietten

Die Größe von Cocktailservietten, die flach als Untersetzer oder gefaltet als Serviette verwendet werden, variiert von 15 bis 33 cm^2. Die kleineren Exemplare eignen sich kaum zum Falten, sind aber als Glasuntersetzer eine elegantere Alternative zu Cocktailservietten aus Papier.

Lunchservietten

Lunchservietten haben mit 30 bis 50 cm^2 eine mittlere Größe. Einige Faltfiguren lassen sich gut damit realisieren, die kleineren Formate reichen aber für kompliziertere Faltungen gewöhnlich nicht aus.

Dinnerservietten

Die größten Servietten sind am vielseitigsten zu falten und können natürlich ebenso gut für Brunch oder Mittagessen verwendet werden wie fürs Abendessen. Typische Dinnerservietten messen 50 bis 60 cm^2, doch können alte Leinenservietten oder eigens angefertigte Servietten auch größer ausfallen.

Papierservietten

In den meisten Fällen sind Stoffservietten den Papierservietten deutlich vorzuziehen: Sie sind saugfähiger, umweltfreundlicher und eleganter. Doch manchmal sind die unkomplizierten Papierservietten einfach erste Wahl. Es gibt sie in zahllosen Unifarben und bunten Mustern. Für besondere Anlässe wie eine Hochzeit, einen runden Geburtstag oder ein Wiedersehenstreffen kann man Papierservietten sogar mit persönlichen Motiven und Texten bedrucken lassen.

- **Cocktailservietten aus Papier** sind normalerweise zusammengelegt knapp 13 x 13 cm bzw. entfaltet ca. 25 x 25 cm groß. Damit verwendet man sie am besten so, wie sie sind, als Glasuntersetzer.
- **Lunchservietten aus Papier** – zusammengelegt ca. 16 x 16 cm, entfaltet 33 x 33 cm groß – haben die richtige Größe, um anstelle von Stoffservietten für einige Faltfiguren verwendet zu werden. Manche Firmen bieten größere Lunchservietten an, die zusammengelegt bis zu 20 cm^2 messen können. Bedenken Sie, dass bei Papierservietten einmal gefaltete Brüche erhalten bleiben, und üben Sie die gewünschte Faltfigur einige Male mit derselben Serviette, bevor Sie mit den eigentlichen Servietten für den Tisch in Serie gehen. Faltformen, bei denen

die Serviette als Erstes zu einem kleineren Quadrat gefaltet wird, sind geeignete Kandidaten für Papierservietten, weil die schon vorhandenen Faltbrüche die fertige Figur nicht beeinträchtigen.

- **Dinnerservietten aus Papier** sind oft rechteckig und auf ein Format von ca. 21 x 11 cm gefaltet. Für die meisten Faltfiguren in diesem Buch eignen sich rechteckige Servietten nicht. Manche Papier-Dinnerservietten sind im geöffneten Zustand quadratisch. Lesen Sie die Angaben auf der Packung sorgfältig, um festzustellen, welche Form die geöffneten Servietten besitzen. Auf jeden Fall können zusammengelegte Dinnerservietten aus Papier, um das Besteck gewickelt, mit einem Band fixiert und so als Besteckrolle neben dem Büffet gestapelt werden.
- **Gästehandtücher aus Papier** haben die gleiche Größe wie rechteckige Papier-Dinnerservietten, sind aber dicker, damit man sich die Hände damit abtrocknen kann. In der Gästetoilette kann tatsächlich Papier besser sein als Stoff: Bei größeren Gesellschaften, bei denen ein einziges Stoffhandtuch viele Male verwendet würde, ist Papier die hygienischere Wahl. Papierhandtücher können in einem Korb in der Gästetoilette gestapelt durchaus elegant aussehen. Halten Sie Ausschau nach Papierhandtüchern, auf die ein einzelnes Initial aufgedruckt ist – ähnlich der Monogrammstickerei auf Leinenservietten.

Serviettenringe

Sie wollen Bäume retten, indem Sie jeden Tag Stoffservietten verwenden? Und Sie wollen Wasser (und Zeit) sparen, indem Sie diese Servietten nicht täglich waschen? Dann tun Sie den ersten Schritt in die richtige Richtung und leisten Sie sich ein paar Serviettenringe. Der ursprüngliche Grund, silberne Serviettenringe mit Monogrammen zu gravieren, lag darin, die Servietten der einzelnen Mitglieder des Haushalts auseinanderzuhalten, sodass jeder seine Serviette mehrmals verwenden konnte und die mühsame Arbeit des täglichen Waschens entfiel. Wenn dieser kleine geschichtliche Exkurs zu Ihrem hektischen modernen Leben passt, sollten Sie ernsthaft erwägen, personalisierte Serviettenringe für Ihre eigene Familie zu kaufen.

Die Klassiker unter den Serviettenringen bestehen aus Silber mit eingraviertem Monogramm, aber Sie brauchen sich dafür nicht zu erwärmen, wenn sie nicht

Servietten richtig auf dem Tisch platzieren

Einst, als noch strenge Regeln das gesellschaftliche Leben regierten, fand man eine perfekt gefaltete Stoffserviette nur links von der Gabel oder auf dem Teller eines jeden Gedecks. Heutzutage ist offenbar alles erlaubt. Je nachdem, welche Faltform Sie wählen, kann die Serviette ins Wein- oder Wasserglas gestellt, über die Rückenlehne des Stuhls gehängt, in eine Schale gelegt oder um das Besteck gewickelt werden. Entscheidend ist nur, dass jeder Gast seine Serviette leicht erreichen und ihrem eigentlichen Zweck entsprechend verwenden kann (bitte keine Doppelknoten!).

zu Ihrem Stil passen. Im Bastelfachhandel gibt es beispielsweise Serviettenringe aus unbehandeltem Holz, die Sie nach Belieben bemalen und personalisieren können. Viele Haushaltswaren- und Einrichtungsgeschäfte bieten ebenfalls fertige Serviettenringe aus Holz an, die sich leicht individuell gestalten lassen: Schablonieren Sie Initialen nach Art alter Monogramme darauf oder bemalen Sie die Ringe ganz Ihrem eigenen Stil entsprechend. Wenn Sie sich handwerklich nicht begabt genug fühlen, können Sie diverse Serviettenringe zusammentragen, die leicht zu unterscheiden sind, und jedes Familienmitglied einen auswählen lassen. Die übrigen Ringe halten Sie für Gäste in Reserve.

Für Essenseinladungen ist es sinnvoll, einen größeren Satz gleicher Serviettenringe zu haben, damit bestimmte Faltformen an allen Plätzen gleich aussehen. Verwenden Sie klassische Metallringe oder dekorative Reifen oder binden Sie stattdessen Bast, Garn oder Bänder um die fertig gefaltete Serviette.

50 Faltfiguren

Nicht jeder weiß, wie man eine Serviette perfekt faltet, aber Sie können es leicht und schnell lernen – natürlich mithilfe dieses Buches. Heutzutage sieht man bei Essenseinladungen in Privathäusern kaum je eine andere Faltform als das klassische Rechteck, doch können Servietten-Faltformen einen Hauch von Eleganz, Extravaganz oder Retro-Style auf Ihren Tisch bringen. Außerdem werten gefaltete Servietten Ihre gedeckte Tafel ohne zusätzliche Kosten um eine Stufe auf – denn Servietten hätten Sie schließlich ohnehin platziert. Sie werden Dutzende pfiffiger neuer Methoden kennenlernen, sie dekorativ einzusetzen.

Stoffservietten können bei Tisch über ihren eigentlichen Einsatzzweck hinaus viele Funktionen übernehmen: als Platzsets, Schalen oder Verpackung für kleine Überraschungen zum Beispiel. Egal, welche Faltform Sie wählen – und ob es sich um den Tisch für einen Kindergeburtstag oder ein raffiniertes Abendessen für Erwachsene handelt –, das Ergebnis macht jeden Anlass noch unvergesslicher. Wie eine handgeschriebene Dankkarte liegen gefaltete Servietten vielleicht nicht mehr so im Trend wie noch vor einigen Jahrzehnten, aber sie werden noch immer bemerkt, geschätzt und bleiben in Mode.

Die 50 Faltformen in diesem Buch sind in leichte, mittelschwere und komplexe Modelle untergliedert, sodass Sie mit den einfacheren beginnen und sich allmählich steigern können. Denken Sie daran: Schlichter ist manchmal schöner. Die meisten festlichen Faltungen sind relativ einfach, und üppig gemusterte Servietten kommen in schlichten Faltungen am besten zur Geltung.

Auch wenn klare, saubere Brüche für das Gelingen einer Serviettenfaltung wichtig sind, sollten Sie nie vergessen, dass es schließlich eine Serviette und keine Installation für die Ewigkeit ist. Sobald Ihr Gast sich setzt, wird Ihr Kunstwerk entfaltet und auf dem Schoß deponiert, deshalb muss es nicht architektonisch solide errichtet sein, sondern sollte lediglich eine fröhliche, aber flüchtige künstlerische Note besitzen.

Leicht

❶ Besteckrolle

Diese Tasche ist eine hübsche Methode, Besteck und Serviette zusammenzuhalten, sodass Ihre Gäste am Ende des Büffets mit einem Griff alles, was sie brauchen, mitnehmen können. Die Faltform funktioniert mit allen Farben und Stoffstärken, aber Sie sollten daran denken, dass bei der fertigen Besteckrolle beide Seiten des Stoffs zu sehen sind. Wählen Sie daher Servietten aus, deren Rückseite ebenfalls attraktiv ist, so wie bei diesem Exemplar in Beige. Bügeln und stärken Sie die Servietten vor dem Falten und halten Sie die fertige Rolle samt Besteck mit einem Bändchen zusammen. Für jede Serviette brauchen Sie ca. 50 cm Band.

❶ Die Serviette mit der rechten Seite nach unten und dem Einschlagsaum nach oben als Quadrat ausbreiten.

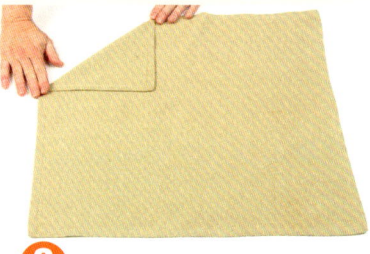

❷ Die rechte untere Ecke so nach innen falten, dass die Ecke auf halbem Weg zwischen Faltkante und Mitte der Serviette liegt.

❸ Die Oberkante der Serviette zur Unterkante falten, sodass ein horizontales Rechteck entsteht.

❹ Die linke Seite über die rechte falten. Das Ergebnis ist ein Quadrat.

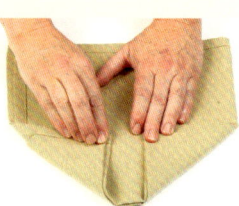

❺ Die linke und die rechte obere Ecke zur Mitte falten.

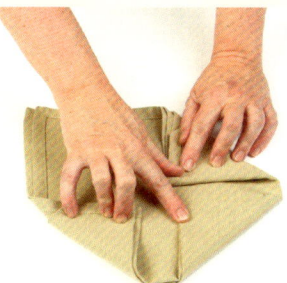

6 Die untere Ecke zur Mitte falten.

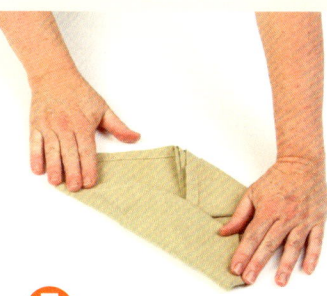

7 Die rechte obere Kante so weit zur linken unteren Kante falten, dass die Spitze gerade bedeckt ist.

8 Die linke untere Kante zur rechten oberen Kante falten.

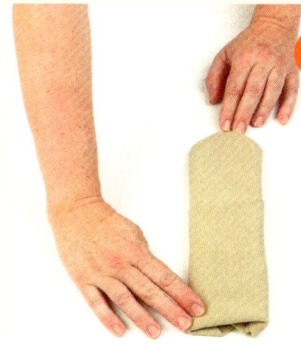

9 Die Serviette umdrehen, sodass die Spitze in Ihre Richtung zeigt.

10 Das Besteck in die so entstandene Tasche schieben und ein Stück Band darum herum zur Schleife binden.

❷ Bestecktasche

Eine Tasche, in der Messer, Gabel und Löffel stecken, ist für Picknicks und zwang-
lose Partys ideal. Wenn Sie das Besteck in die Tasche geschoben haben, können Sie
alles mit einer Schleife aus Band oder Bast verschnüren und die so vorbereiteten
Servietten in einem Korb ans Ende des Büffets stellen. Um die zwanglos-rustikale
Anmutung noch zu unterstreichen, habe ich eine weiß-blau karierte Serviette
verwendet, aber auch andere Servietten beliebiger Stärke, Farbe und Musterung
eignen sich. Stärken und bügeln Sie die Servietten vor dem Falten.

❶ Die Serviette mit der rechten Seite nach unten und dem Einschlagsaum nach oben als Quadrat ausbreiten.

❷ Die Unterkante etwa 7,5 cm breit nach oben umschlagen, sodass am unteren Teil der Serviette ein horizontales Band erscheint.

❸ Die Oberkante der Serviette bis zur Oberkante des unteren Bandes falten.

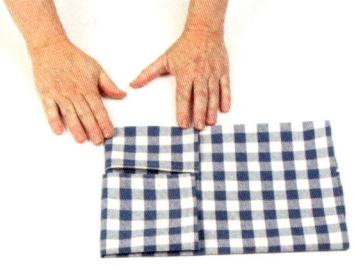

❹ Die Serviette so umdrehen, dass die bisherigen Ober- und Unterkanten ihre Position beibehalten. Die rechte Kante zur vertikalen Mittellinie der Serviette falten.

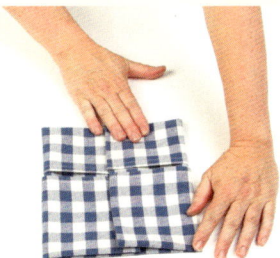

5 Die linke Kante ebenfalls zur vertikalen Mittellinie falten.

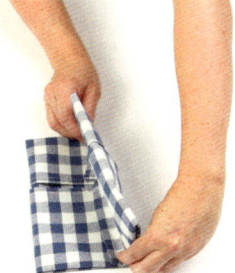

6 Die linke Seite über die rechte legen.

7 Die Serviette so hinlegen, dass das größere Rechteck oben liegt.

8 Das Besteck für ein Gedeck in die Tasche stecken.

③ Bischofsmütze

Diese würdevolle Faltfigur eignet sich gut, um Ehrengäste auszuzeichnen. Wählen Sie daher eine kräftige, edle Farbe, wie zum Beispiel dieses Rot – oder aber Lavendel, Blau oder Grün. Die Faltform gelingt am besten mit mittleren bis dicken Stoffen, die vor dem Falten mit Sprühstärke gebügelt werden. Der Stoff darf nicht zu weich sein, wenn die Bischofsmütze aufgestellt werden soll (wenngleich sie auch liegend präsentiert werden kann). Unter der Serviette können Sie eine kleine Überraschung für Ihre Gäste verstecken.

① Die Serviette mit der rechten Seite nach unten und dem Einschlagsaum nach oben als Quadrat ausbreiten.

② Die Unterkante auf die Oberkante falten, sodass ein horizontales Rechteck entsteht.

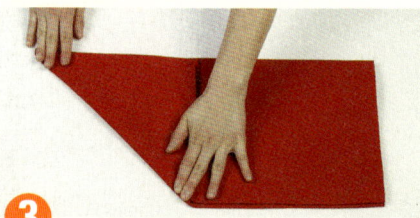

③ Die rechte Seitenkante zur Unterkante falten.

④ Die linke Seitenkante zur Oberkante falten.

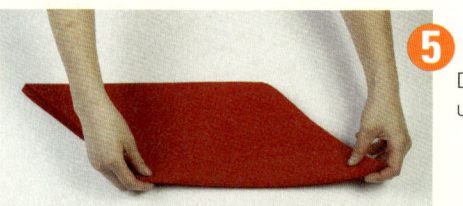

⑤ Die Serviette umdrehen und horizontal hinlegen.

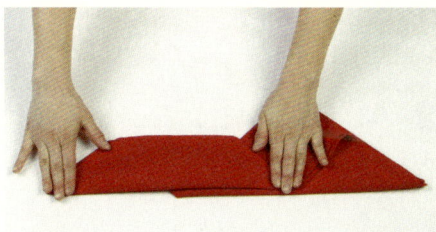

6

Die untere Hälfte nach oben falten, sodass an der linken Seite ein kleines Dreieck nach unten weist.

7

Die Serviette umdrehen und so hinlegen, dass das Dreieck nach unten zeigt, nun aber auf der rechten Seite. Das kleine Dreieck an der linken Seite nach unten falten. Die linke Spitze der Serviette auf etwa einem Drittel der Gesamtbreite der Serviette nach rechts klappen und unter die obere Stofflage stecken.

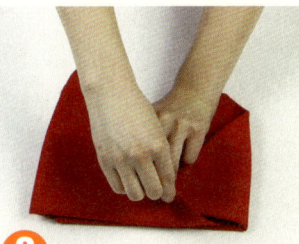

8

Die Serviette wieder umdrehen, wobei die Spitzen weiter nach unten weisen. Die linke Spitze der Serviette nach rechts klappen und unter die obere Stofflage stecken.

9

Die fertige Bischofsmütze flach auf den Teller legen oder aufstellen. Dazu die Seiten leicht auseinanderziehen, sodass eine Kreisform entsteht.

④ Doppelrolle

Diese gerollte Serviettenform passt auf jeden Tisch. Je nachdem, welche Serviette Sie wählen, kann sie sehr festlich oder eher leger wirken. Sie können damit sogar einen Gartentisch fürs Straßenfest decken. Verwenden Sie Servietten aus dünnem bis mittelstarkem Stoff in einem beliebigen Muster. Servietten mit einer dekorativen Randborte zeigen sich in dieser Faltung von ihrer besten Seite.

❶ Die Serviette mit der rechten Seite nach unten und dem Einschlagsaum nach oben als Quadrat ausbreiten.

❷ Die Oberkante zur horizontalen Mittellinie der Serviette falten.

❸ Die Unterkante ebenfalls zur horizontalen Mittellinie falten, sodass ein horizontales Rechteck entsteht.

❹ Die Serviette umdrehen und wieder als horizontales Rechteck hinlegen.

5 Die Serviette vom rechten Rand aus einrollen.

6 Den Stoff weiter einrollen bis zur vertikalen Mittellinie der Serviette.

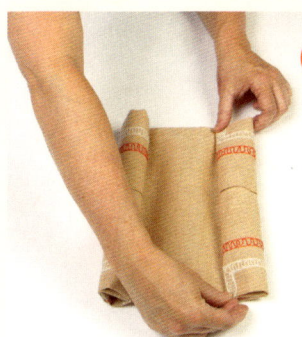

7 Vom linken Rand aus die Serviette ebenfalls bis zur Mitte einrollen.

8 Am Ende treffen sich die beiden Rollen in der Mitte.

⑤ Drilling

Ich habe für diese einfache Faltform eine seidige Serviette in Braun verwendet, die den Stoff durch die drei Lagen besonders schön schimmern lässt. Die Figur kann allein auf dem Tisch arrangiert oder mit einem Serviettenring zusammengefasst werden. Bezüglich Stoffstärke, Farbe und Muster haben Sie freie Auswahl. Diese Faltfigur wirkt am besten, wenn die Servietten vor dem Falten gestärkt und gebügelt werden.

❶ Die Serviette mit der rechten Seite nach unten und dem Einschlagsaum nach oben als Quadrat ausbreiten.

❷ Das untere Drittel der Serviette nach oben falten.

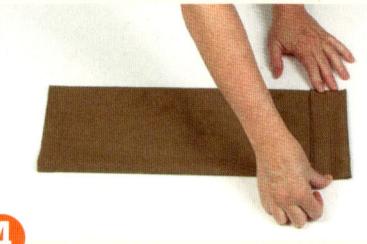

❸ Die Oberkante zur Unterkante falten, sodass ein horizontales Rechteck entsteht.

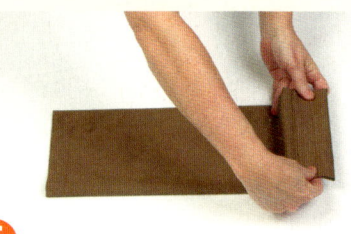

❹ Den linken Rand etwa 5 cm breit nach rechts einschlagen. Dabei bildet sich ein vertikales Band.

❺ Das vertikale Band anheben und ein weiteres vertikales Band darunter und nach rechts versetzt einschlagen.

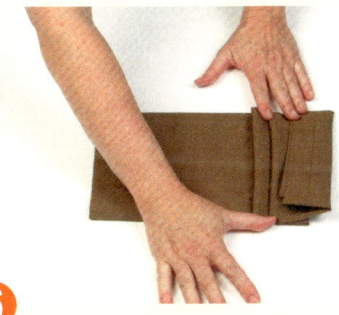

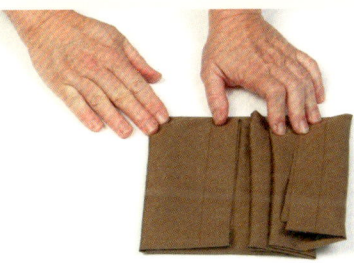

6 Beide vertikalen Bänder anheben und ein drittes vertikales Band leicht nach rechts versetzt unter dem zweiten falten.

7 Die rechte Seite der Serviette bis an das nächstliegende vertikale Band falten.

8 Die Serviette umdrehen.

9 Die fertig gefaltete Serviette so platzieren, dass die Bänder oben liegen.

❻ Duett

Diese Faltung aus zwei Servietten ist einfacher, als sie aussieht. Verwenden Sie seidige Servietten für eine festliche Tafel oder Baumwollservietten für ein zwangloses Essen unter Freunden. Mittelstarke bis dickere Stoffe, mit Sprühstärke gebügelt, eignen sich am besten. In einem Stielglas entfaltet diese Form ihre Wirkung am schönsten.

❶ Verwenden Sie zwei unterschiedliche Servietten gleicher Größe.

❷ Beide Servietten mit der rechten Seite nach unten und dem Einschlagsaum nach oben als Quadrat ausbreiten.

❸ Die Servietten so aufeinanderlegen, dass alle Kanten übereinstimmen.

❹ Beide Servietten von unten mit der einen Hand in der Mitte ergreifen und mit der anderen Hand von oben in die untere Handfläche drücken.

5 Die Servietten in der Mitte auf etwa 10 cm Höhe locker zusammenfassen.

6 Die Servietten mit der zusammengefassten Mitte in ein Weinglas oder ein anderes Glas Ihrer Wahl stellen. Die oberen Kanten auseinanderziehen und nach Belieben arrangieren.

⑦ Einzelner Flügel

In seiner schlichten Eleganz empfiehlt sich diese Faltfigur für vornehme Einladungen ebenso wie für zwanglose Zusammenkünfte. Verwenden Sie für elegantere Einladungen einfarbige Servietten in einem gedämpften Ton und für weniger festliche Anlässe Servietten in beliebigen Farben und Mustern. Ich habe eine beigefarbene Serviette mit einem breiten, weißen Zierrand benutzt, der in der fertigen Faltung effektvoll wirkt. Mittelstarke bis dickere Stoffe lassen diese Figur gut aufrecht stehen. Um den Stoff zusätzlich zu versteifen, sollten Sie die Servietten vor dem Falten gut stärken und bügeln.

1 Die Serviette mit der rechten Seite nach oben und dem Einschlagsaum nach unten als Quadrat ausbreiten.

2 Die untere Hälfte nach oben falten, sodass ein horizontales Rechteck entsteht.

3 Die rechte Kante zur linken Kante falten. Das Ergebnis ist ein Quadrat.

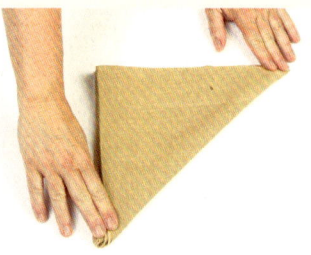

4 Die linke obere Ecke zur rechten unteren Ecke falten, um ein Dreieck zu erhalten.

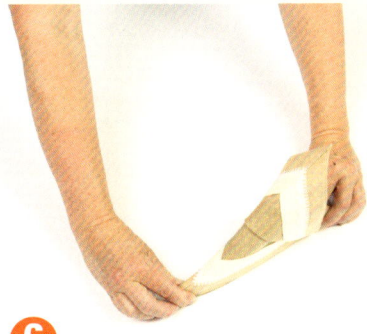

5 Nun nur mit den beiden oberen Stofflagen weiterarbeiten. Die rechte untere Ecke nach links oben zurückfalten, sodass auf der Serviette ein kleines Quadrat erscheint.

6 Die rechte obere und die linke untere Spitze zusammenführen und die Serviette in der Mitte anheben, damit sie aufrecht steht.

7 Die Serviette auf diese Weise angewinkelt auf den Teller stellen.

⑧ Flugzeug

Wählen Sie – beispielsweise für einen Kindergeburtstag zum Thema „Flugzeuge" – eine fröhlich bunt gemusterte Serviette wie das von mir verwendete lebhaft in Regenbogenfarben gestreifte Modell. Die Faltform kann aber auch bei einem Abendessen für Erwachsene eine schnittige Note auf den Tisch bringen. In diesem Fall verwenden Sie eine einfarbige Stoffserviette. Die Figur „Flugzeug" sieht am besten aus, wenn man sie aus gebügelten Servietten faltet. Besonders klar erscheinen die Brüche, wenn Sie Sprühstärke einsetzen.

1 Die Serviette mit der rechten Seite nach unten und dem Einschlagsaum nach oben ausbreiten.

2 Die untere Hälfte nach oben falten, sodass ein horizontales Rechteck entsteht.

3 Die Mitte der Unterkante mit der linken Hand festhalten und mit der rechten Hand die rechte Hälfte der Unterkante zur vertikalen Mittellinie des Rechtecks falten.

4 Schritt 3 auf der linken Seite wiederholen, also die linke Unterkante zur vertikalen Mittellinie falten, sodass ein Dreieck entsteht.

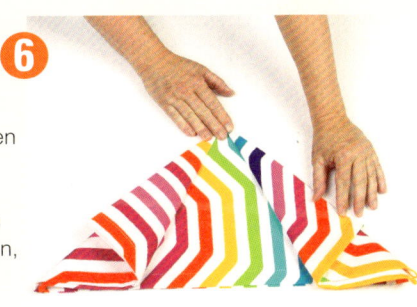

6 Auf der linken Seite genauso verfahren: Die Kante der oberen Lage von der Mittellinie zur schrägen linken Unterkante falten, sodass auch hier ein kleines Dreieck entsteht.

5 Nun wieder mit der rechten Seite des Dreiecks weiterarbeiten: Die Kante der oberen Lage von der Mittellinie zur schrägen rechten Unterkante falten. Das Ergebnis ist ein kleines Dreieck.

7 Die Spitze des großen Dreiecks mit einer Hand fassen und mit der anderen Hand die Mitte der Oberkante so anheben, dass die kleineren Dreiecke der linken und rechten Seite an der vertikalen Mittellinie aneinanderstoßen.

8 Den hochgezogenen Teil zu einem schmalen Mitteldreieck flachdrücken, sodass die kleinen Dreiecke links und rechts überlappen und die Serviette die Form eines Papierflugzeugs annimmt.

⑨ Fünfeck

Diese einfache Figur wirkt sehr festlich, wenn man sie aus einer weißen Serviette faltet, während sie aus einer farbigen oder gemusterten Serviette eine unbeschwert-heitere Ausstrahlung hat. Ich verwende gern Servietten mit einem dekorativen Rand, wie dieses Exemplar in Beige mit weißer Schrägband-Einfassung, um mit den zwei Spitzen spielen zu können. Die Stoffstärke ist unerheblich. Stärken und bügeln Sie die Servietten vor dem Falten.

❶ Die Serviette mit der rechten Seite nach unten und dem Einschlagsaum nach oben als Raute ausbreiten.

❷ Die untere Spitze so weit nach oben falten, dass noch etwa 5 cm der unteren Lage sichtbar bleiben.

❸ Die Serviette so umdrehen, dass die Spitze weiterhin nach oben zeigt. Die Mitte der Unterkante mit der rechten Hand festhalten und mit der linken Hand die linke Spitze zur oberen Ecke falten. Die Innenkante dieser Faltung bildet auf diese Weise eine vertikale Mittellinie.

❹ Die rechte Spitze auf dieselbe Weise nach oben falten, sodass sich die Innenkanten beider Seiten an der vertikalen Mittellinie treffen.

5 Die Serviette wieder umdrehen, sodass nach wie vor dieselben Ecken nach oben bzw. nach unten weisen. Die untere Ecke ca. 5 cm weit nach oben falten.

6 Die Serviette wieder umdrehen, wobei die flache Seite weiterhin nach unten weist. Die schräge linke Unterkante zur vertikalen Mittellinie falten.

7 Die schräge rechte Unterkante ebenfalls zur vertikalen Mittellinie falten.

8 Die Serviette wieder umdrehen und mit der flachen Kante nach oben auf den Teller legen.

⑩Glückskeks

Der Glückskeks kann mit einer handgeschriebenen Lebensweisheit für jeden Gast flach auf einen Teller gelegt oder aufgestellt werden. Erste Wahl ist diese Faltform natürlich für ein asiatisches Essen zu Hause, sie macht aber auch aus einem Imbiss zum Mitnehmen eine weniger improvisierte Mahlzeit. Die Figur lässt sich aus Stoffen jeder Stärke, Farbe und Musterung falten. Ich habe mich für eine einfarbig blaugrüne Serviette entschieden. Stärken und bügeln Sie die Servietten vor dem Falten.

❶ Die Serviette mit der rechten Seite nach unten und dem Einschlagsaum nach oben als Raute ausbreiten.

❷ Die obere Ecke zur unteren Ecke falten, sodass ein Dreieck entsteht.

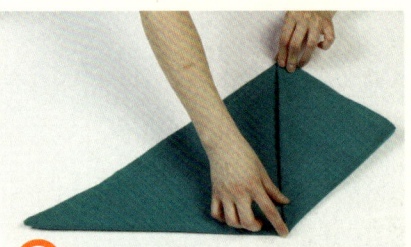

❸ Die Serviette in der Mitte der Oberkante mit der rechten Hand festhalten und mit der linken Hand die linke Spitze zur unteren Spitze falten.

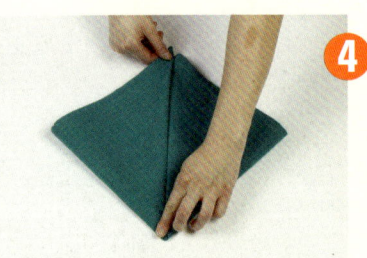

❹ Die rechte Spitze ebenfalls zur unteren Spitze falten. Das Ergebnis ist eine Raute.

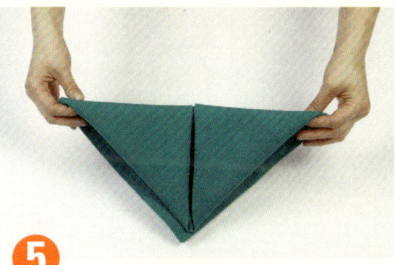

5 Die Serviette vorsichtig an der rechten und linken Ecke fassen und die untere Hälfte unter die obere einschlagen, sodass sich wieder ein Dreieck bildet.

6 Die rechte und linke untere Ecke näher zusammenbringen. Dabei stellt sich die Serviette dreidimensional auf.

7 Die Serviette auf diese Weise angewinkelt aufstellen und die beiden hinteren Flügel nach vorne in die Faltform stecken, sodass sich eine kompaktere Form ergibt. Nach Belieben ein Kärtchen mit einem Glückwunsch oder einer Lebensweisheit in die vordere Öffnung stecken.

⑪ Kuvert/Handtasche

Für die Faltung in Form einer schicken Kuverttasche eignet sich ein mittelstarker Stoff mit apartem Muster, so wie diese elfenbeinfarbene Serviette mit Blütenranken in Grün und Gelb. Verzieren Sie die fertig gefaltete Serviette mit einer Perle, einem Knopf oder einem anderen dekorativen Gegenstand, der den Taschenverschluss darstellen kann. Völlig anders wirkt die Faltung, wenn Sie eine einfarbige Serviette wählen und das Ganze als Briefumschlag deklarieren, den Sie mit einem Aufkleber „versiegeln". Bügeln Sie die Servietten vor dem Falten auf jeden Fall mit Sprühstärke. Nach dem Falten können Sie noch einmal vorsichtig überbügeln, damit die Faltkanten klarer definiert werden.

1 Die Serviette mit der rechten Seite nach unten und dem Einschlagsaum nach oben als Quadrat ausbreiten.

2 Die linke Kante zur vertikalen Mittellinie der Serviette falten.

3 Die rechte Kante ebenfalls zur vertikalen Mittellinie falten.

4 Die Oberkante zur horizontalen Mittellinie der Serviette falten.

5 Die Unterkante zur horizontalen Mittellinie falten.

6 Die rechte und die linke Hälfte der Unterkante bis knapp zur vertikalen Mittellinie falten, sodass sich unten eine abgeflachte Spitze bildet.

7 Die Spitze über die obere Hälfte klappen, damit die Kuvertform entsteht.

8 Die Serviette mit der Spitze nach unten auf dem Teller arrangieren und evtl. anstelle eines Taschenverschlusses eine Perle, einen Knopf oder einen anderen dekorativen Gegenstand darauflegen.

⑫ Pfauenschwanz

Der elegante Pfauenschwanz ist leicht aus Servietten jeder Stoffstärke, Farbe und Musterung zu falten. Ich habe eine einfarbig mittelblaue Serviette verwendet. Bügeln Sie die Servietten vor dem Falten mit Sprühstärke und nach dem Falten noch einmal, damit die Faltkanten deutlich definiert sind. Servietten in dieser Faltform können beispielsweise über die Rückenlehnen der Stühle oder an jedem Platz über die Tischkante drapiert werden.

❶ Die Serviette mit der rechten Seite nach unten und dem Einschlagsaum nach oben als Quadrat ausbreiten.

❷ Die rechte untere Ecke zur linken oberen Ecke falten, sodass ein Dreieck entsteht.

❸ Die linke untere Spitze nach rechts knapp unter die rechte Spitze legen. Nun sind zwei leicht versetzte Dreiecke sichtbar.

❹ Die verbleibende linke Spitze ebenfalls nach rechts falten und etwas unterhalb der zweiten Spitze platzieren, sodass sich drei versetzte Dreiecke zeigen.

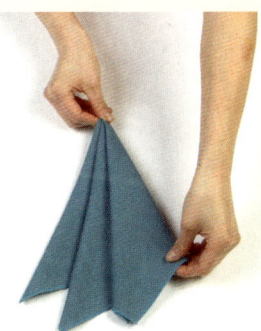

❺ Die linke Seite des obersten Dreiecks unter die Serviette schieben, damit die ganze Faltform schmaler wird.

❻ Die Serviette so auf dem Tisch arrangieren, dass die drei Spitzen nach unten weisen.

⑬ Rakete

Großes Kino gefällig? Mit dieser gen Himmel strebenden Serviettenform hebt Ihre Tischdekoration in die dritte Dimension ab. Die Rakete lässt sich aus jeder einfarbigen oder gemusterten Serviette wie diesem gelbgrünen Exemplar mit fröhlich bunten Farbstreifen falten. Damit sie gut steht, sollte der Stoff nicht zu dünn sein und vor dem Falten gestärkt und gebügelt werden.

1 Die Serviette mit der rechten Seite nach unten und dem Einschlagsaum nach oben als Quadrat ausbreiten.

2 Die rechte obere Ecke zur linken unteren Ecke falten, sodass ein Dreieck entsteht.

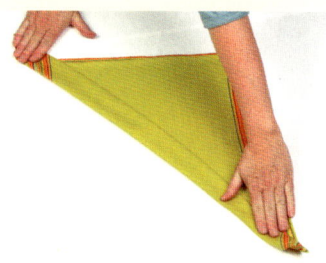

3 An der rechten oberen Kante, also der längsten Seite des Dreiecks, einen etwa 2,5 cm breiten Streifen umfalten.

4 Die Serviette umdrehen und so hinlegen, dass die Längsseite des Dreiecks unten liegt.

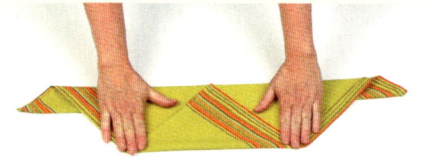

5 Die obere Spitze zur Mitte der Unterkante falten.

6 Dieselbe Spitze so zurück nach oben falten, dass ein 2,5 cm breites Band unterhalb der Spitze bleibt.

8 Die Serviette von der linken Kante zur rechten Spitze gleichmäßig aufrollen.

7 Die linke Spitze so nach rechts falten, dass die Längsseite des Dreiecks etwa gedrittelt wird und die Unterkanten übereinstimmen.

9 Die rechte Spitze unter das Band an der Unterkante der Serviette stecken, um sie zu fixieren.

10 Die Rakete aufstellen. Die äußere Lage der oberen Spitze nach unten falten, sodass ein Dreieck sichtbar wird, dessen Spitze nach unten zeigt.

11 An den Platz eines jeden Gastes eine Rakete stellen oder legen.

⑭ Rhombus

Ein durchgewebter Stoff mit zwei attraktiven Seiten wie diese schwarze Serviette mit den hellen Streifen eignet sich am besten für diese Rhombenfaltung, weil bei der fertigen Figur beide Seiten sichtbar sind. Wie dick der Stoff ist, spielt keine Rolle. Bügeln Sie die Serviette vor dem Falten mit Sprühstärke. Die fertige Faltform können Sie vorsichtig überbügeln, damit sie besonders perfekt aussieht, aber nicht, wenn Sie eine lässigere Optik erzielen wollen.

① Die Serviette mit der rechten Seite nach unten und dem Einschlagsaum nach oben als Quadrat ausbreiten.

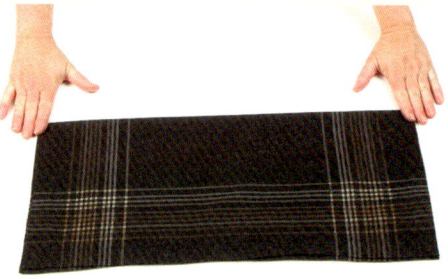

② Die Unterkante auf die Oberkante falten, sodass ein horizontales Rechteck entsteht.

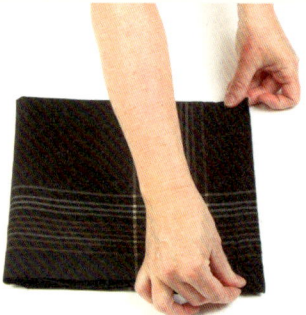

③ Die rechte Seitenkante zur linken falten, sodass ein Quadrat entsteht.

④ Die linke obere Ecke der obersten Lage zur rechten unteren Ecke falten. Das Ergebnis ist ein diagonal geteiltes Quadrat.

5 Die linke obere Ecke der nächsten Lage bis zur diagonalen Mittellinie der Serviette falten. Dabei bildet sich in der linken oberen Ecke der Serviette ein kleines Dreieck.

6 Die rechte untere Ecke der obersten Lage ebenfalls zur diagonalen Mittellinie der Serviette falten, wobei sich auch in der rechten unteren Ecke ein kleines Dreieck bildet.

7 Die restlichen unteren Lagen der rechten unteren Ecke so unter die Serviette einschlagen, dass die Kanten mit der gefalteten oberen Lage übereinstimmen.

8 Die verbleibenden unteren Lagen der linken oberen Ecke ebenfalls bündig mit den Kanten der gefalteten oberen Lage unter die Serviette einfalten. Die Serviette horizontal auf einen Teller legen.

⑮ Rolle

Schneller geht's kaum! Diese einfache Rolle ist die ideale Faltform für Servietten-ringe und eignet sich für sämtliche Stoffstärken, Farben und Muster. Hier habe ich eine seidenglatte, braune Serviette mit einem Messing-Serviettenring in Seil-Optik kombiniert. Ein anderes Beispiel sehen Sie auf dem großen Foto. Bügeln Sie die Servietten vor dem Falten. Sprühstärke ist in diesem Fall nicht notwendig.

❶ Die Serviette mit der rechten Seite nach unten und dem Einschlagsaum nach oben als Quadrat ausbreiten.

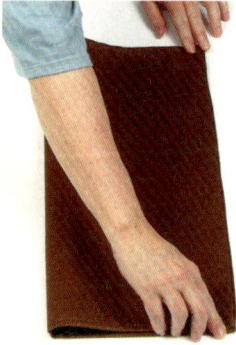

❷ Die rechte Kante zur linken Kante falten, sodass ein vertikales Rechteck entsteht.

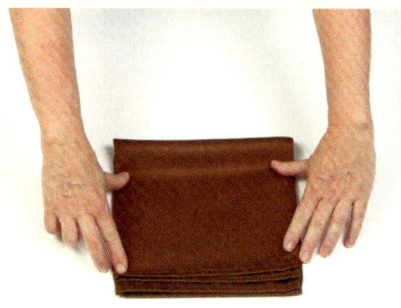

❸ Die untere Hälfte nach oben falten. Das Ergebnis ist ein Quadrat.

❹ Die Serviette locker von oben nach unten aufrollen.

6 Die Servietten-
rolle so auf
dem Teller
arrangieren,
dass die
offenen Kanten
oben liegt. Die
Position des
Serviettenrings
gegebenenfalls
korrigieren.

5
Die Faltkanten liegen oben, die offenen
Kanten unten. Von oben her einen
Serviettenring bis zur Mitte über die
Rolle schieben.

16 Schleife

Diese Faltform ist einfach, sieht aber sehr edel aus und lässt sich hervorragend mit einem Serviettenring oder einem Band vervollständigen. Sie eignet sich für Servietten aller Farben und Muster und nahezu jeder Stärke. Ich habe eine braune Serviette mit violetten Streifen verwendet. Meiden Sie Servietten aus zu dickem Stoff, denn die zahlreichen Lagen lassen sich kaum durch einen Serviettenring ziehen. Bügeln Sie die Servietten vor dem Falten mit Sprühstärke. Wenn mit Stäbchen gegessen werden soll, können Sie diese zwischen die fertige Faltform und den Serviettenring stecken.

1 Die Serviette zum Quadrat ausbreiten. Die rechte Seite liegt unten, die Seite mit dem Einschlagsaum oben.

2 Die Unterkante zur horizontalen Mittellinie der Serviette nach oben falten.

3 Die Oberkante zur horizontalen Mittellinie nach unten falten.

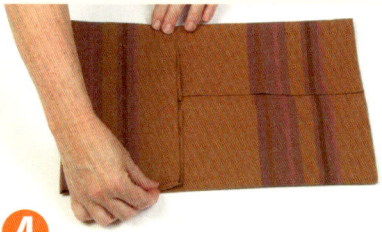

4 Die rechte Kante bis knapp über die vertikale Mittellinie der Serviette falten.

5 Die linke Kante ebenfalls bis knapp über die vertikale Mittellinie falten.

6 Die Unterkante etwa 5 cm breit nach oben umfalten.

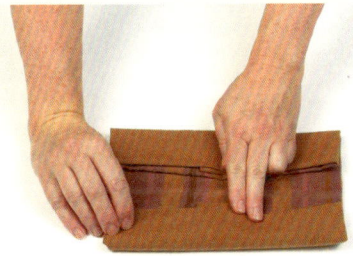

7 Die Oberkante etwa 5 cm breit nach unten falten.

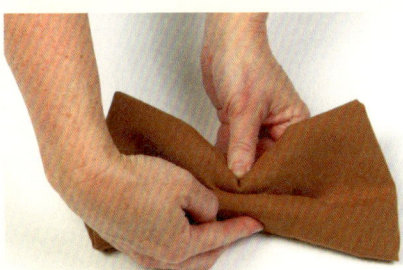

8 Die Serviette umdrehen, jedoch das Rechteck horizontal ausgerichtet lassen. Die Mitte der Ober- und der Unterkante zusammendrücken, sodass eine Schleifenform entsteht.

9 Den Serviettenring in die Mitte der Schleife schieben, um sie zu fixieren.

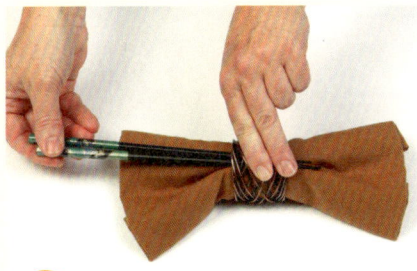

10 Gegebenenfalls Essstäbchen zwischen Serviettenring und Schleife stecken. Auf jedem Teller eine solche Schleife vertikal platzieren und die Enden der Schleife zurechtzupfen.

⑰ Schlichte Schönheit

Zeigen Sie Servietten mit Spitzenkanten mit dieser Faltung von ihrer schönsten Seite: Zwei dekorative Kanten zieren hier die komplette Vorderseite. Die Faltform eignet sich für zwanglose Anlässe ebenso wie für größere Feste und gelingt mit jeder Stoffstärke. Ich habe eine elfenbeinfarbene Serviette mit Stickbordüre verwendet. Stärken und bügeln Sie die Servietten vor dem Falten. Die fertig gefalteten Servietten können Sie aufstellen, wie sie sind, oder vorsichtig überbügeln, damit die Faltbrüche perfekt aussehen.

1 Die Serviette mit der rechten Seite nach unten und dem Einschlagsaum nach oben als Quadrat ausbreiten.

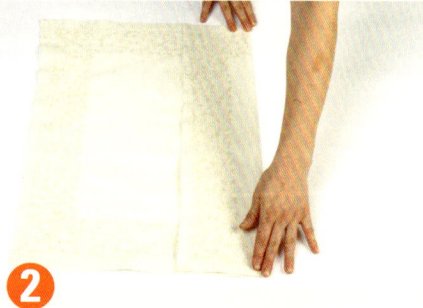

2 Die linke Kante zur vertikalen Mittellinie der Serviette falten.

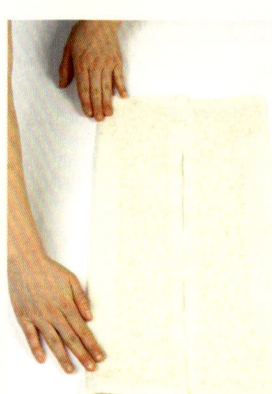

3 Die rechte Kante ebenfalls zur vertikalen Mittellinie falten.

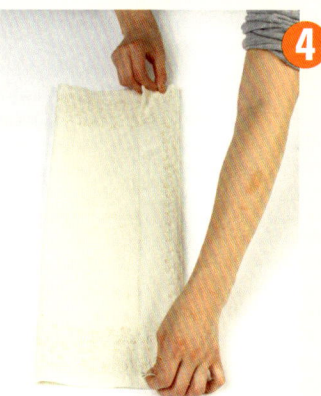

4 Die Serviette umdrehen und wieder als vertikales Rechteck hinlegen. Die linke Kante zur vertikalen Mittellinie falten.

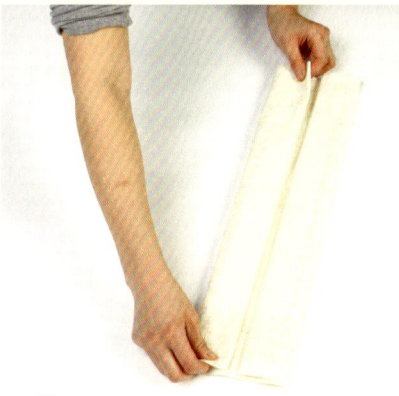 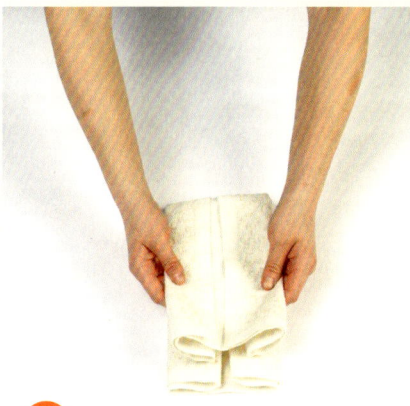

5 Die rechte Kante ebenfalls zur vertikalen Mittellinie falten.

6 Die untere Hälfte nach oben falten und die Serviette mit der offenen Seite nach unten auf dem Teller arrangieren.

⑱ Segelboot

Diese witzige, legere Faltform begeistert Kinder und Erwachsene gleichermaßen. Ich habe dafür eine Serviette mit blau-grün-weißem Wellenmuster ausgesucht, um das maritime Thema aufzugreifen. Die Faltfigur sieht aber auch mit einfarbigen, gestreiften oder gemusterten Servietten beliebiger Stoffstärken attraktiv aus. Stärken und bügeln Sie die Servietten vor dem Falten.

❶ Die Serviette mit der rechten Seite nach unten und dem Einschlagsaum nach oben als Quadrat ausbreiten.

❷ Die rechte obere Ecke zur linken unteren Ecke falten, sodass ein Dreieck entsteht.

❸ Das Dreieck so drehen, dass die längste Seite oben liegt und die mittlere Spitze nach unten weist.

❹ Die untere Spitze mit der rechten Hand festhalten und mit der linken Hand die linke Spitze so nach oben falten, dass die linke Hälfte der Unterkante an der vertikalen Mittellinie der Serviette liegt.

5 Dann den untersten Punkt mit der linken Hand festhalten und mit der rechten Hand die rechte Spitze nach oben falten, sodass auch der rechte Teil der Unterkante an der vertikalen Mittellinie der Serviette liegt.

6 Die linke obere Spitze der Serviette so nach unten falten, dass die Bruchkante mit der darunterliegenden Kante übereinstimmt.

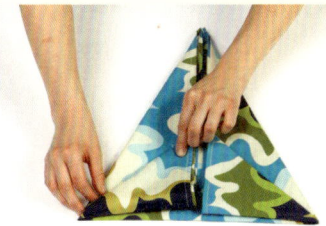

7 Die rechte obere Spitze auf dieselbe Weise nach unten falten, sodass die Oberkante in einer Linie verläuft und die vertikalen Kanten wieder in der Mitte aneinanderstoßen.

8 Das obere Drittel der Serviette leicht schräg nach unten falten, was dem Boot eine schwungvolle Note verleiht.

⑲ Stufenrock

Diese Serviettenfigur sieht aus wie ein mehrlagiger Stufenrock. Verwenden Sie dafür Servietten mit dekorativen Kanten oder Borten, damit die reizende Form ihre Wirkung voll entfalten kann. Ich habe eine Serviette in Orange mit pinkfarbener Zackenlitze gewählt. Die Stoffdicke spielt keine Rolle. Stärken und bügeln Sie die Servietten vor dem Falten.

❶ Die Serviette mit der rechten Seite nach unten und dem Einschlagsaum nach oben als Quadrat ausbreiten.

❷ Die untere Hälfte nach oben falten, sodass ein Rechteck entsteht.

❸ Die linke Kante zur rechten falten. Das Ergebnis ist ein Quadrat.

❹ Die Serviette so zur Raute drehen, dass die offenen Spitzen nach unten weisen. Die beiden oberen Lagen der unteren Ecke zur oberen Ecke falten, sodass die Randborte sich um die gesamte Raute zieht.

❺ Die oberste Lage der oberen Ecke so nach unten falten, dass unten ca. 2,5 cm der darunterliegenden Lage sichtbar bleiben.

6 Die nächste Lage ebenfalls nach unten falten, sodass 2,5 cm der vorhergehenden Lage sichtbar bleiben.

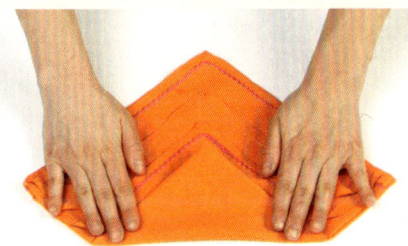

7 Die verbleibende obere Ecke nach unten falten, sodass wiederum 2,5 cm der Lage darunter unverdeckt bleiben.

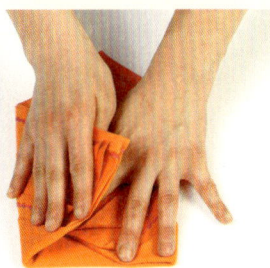

8 Die Serviette umdrehen, sodass die große Spitze nach unten weist. Die linke und die rechte Ecke leicht schräg nach unten einfalten und in der Mitte überlappen lassen.

9 Die Serviette wieder umdrehen und mit der Spitze nach unten auf den Teller legen.

ⓞ Tasche

Diese einfache Faltform eignet sich für jeden Anlass und für Stoffe aller Art und Stärke. Ich verwende eine Serviette aus traditionellem Toile in Elfenbein und Dunkelrot, aber Sie können diese Faltform auch mit einfarbigen, gemusterten oder gestreiften Servietten ausprobieren. Bügeln Sie die Servietten vor dem Falten mit Sprühstärke. In die Öffnung der Faltfigur können Sie ein Tischkärtchen mit dem Namen des Gastes stecken. Die Figur lässt sich als Quadrat oder als Raute präsentieren.

❶ Die Serviette mit der rechten Seite nach unten und dem Einschlagsaum nach oben als Quadrat ausbreiten.

❷ Die linke obere Ecke zur Mitte der Serviette falten.

❸ Mit der rechten oberen Ecke genauso verfahren.

❹ Auch die linke und die rechte untere Ecke zur Mitte falten, sodass eine Raute entsteht.

5 Die Serviette so drehen, dass sie als Quadrat vor Ihnen liegt, und in der Mitte der rechten und linken Seitenkante fassen.

6 Vorsichtig die Serviette an den Seitenkanten anheben und die obere Hälfte unter die untere schlagen: Das Ergebnis ist ein Rechteck.

7 Die linke Hälfte auf die rechte falten, sodass das diagonal geteilte Quadrat entsteht.

21 Tulpe

Wie nur wenige andere Modelle in diesem Buch kann die Tulpe flach an jeden Platz gelegt oder aufrecht stehend präsentiert werden, sodass sie etwas Höhe in die Tischdekoration bringt. Damit sie stehenbleibt, sollten Sie einen nicht zu dünnen und zu weichen Stoff verwenden und ihn vor dem Bügeln leicht stärken. Ich habe einen mehrfarbigen, tropisch angehauchten Blumendruck verwendet, der beispielsweise zu einem Hawaii-Fest passen würde. Für ein formelleres Festessen können Sie die Tulpe aus einfarbigen Servietten falten, für zwanglosere Anlässe aus beliebigen Servietten, deren Muster zu Ihrem Thema passt.

1 Die Serviette mit der rechten Seite nach unten und dem Einschlagsaum nach oben als Raute ausbreiten.

2 Die obere Ecke zur unteren falten, sodass ein Dreieck entsteht.

3 Die rechte obere Spitze zur Ecke in der unteren Mitte falten.

4 Die linke Spitze ebenfalls zur unteren Ecke falten. Das Ergebnis ist wieder eine Raute.

5 Die Serviette umdrehen, wobei dieselbe Ecke wie zuvor nach oben weist.

6 Die obere Ecke so nach unten falten, dass ca. 5 cm der unteren Lage sichtbar bleiben.

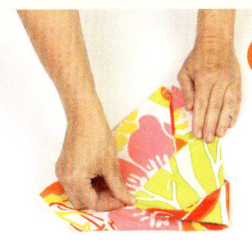

7 Die Serviette wieder umdrehen. Dabei darauf achten, dass dieselbe Ecke nach unten zeigt. Das linke Drittel der Serviette nach rechts falten.

8 Die rechte Seite so nach links falten, dass sie die darunterliegende Lage überlappt.

9 Die Spitze dieser Faltlage unter die oberste Lage der vorhergehenden Faltung stecken, um sie zu fixieren.

10 Die Serviette umdrehen und mit der Spitze nach oben hinlegen.

11 Alternativ können Sie die untere Öffnung rund ausformen und die Serviette hinstellen.

②②Untersetzer

Diese hübsche Faltform ergibt einen kleinen, quadratischen Untersetzer, auf den Sie einen Salat-, Brot- oder Dessertteller stellen können. Mit sehr großformatigen Servietten können Sie nach dieser Anleitung Sets falten, auf denen auch ein großer Teller Platz findet. Die Unterseite der Serviette ist bei der fertigen Faltfigur sichtbar, daher sollte der Stoff beidseitig verwendbar sein, so wie die hier verwendete Serviette mit pastellfarbenen Streifen. Die Stoffstärke spielt keine Rolle. Stärken und bügeln Sie die Servietten vor dem Falten.

❶ Die Serviette mit der rechten Seite nach unten und dem Einschlagsaum nach oben als Quadrat ausbreiten.

❷ Die linke untere Ecke zur Mitte der Serviette falten.

❸ Die rechte untere Ecke ebenfalls zur Mitte falten.

❹ Mit den beiden oberen Ecken ebenso verfahren.

❺ Die Serviette umdrehen und als Quadrat hinlegen. Die rechte untere Ecke zur Mitte falten.

6 Die linke untere Ecke ebenfalls zur Mitte falten.

7 Und auch die beiden oberen Ecken zur Mitte falten.

8 Die Serviette wieder umdrehen und als Quadrat hinlegen. Im rechten oberen Viertel die Innenecke der obersten Lage zur äußeren Ecke falten.

9 Auf diese Weise die in der Mitte liegenden Ecken der übrigen drei Viertel ebenfalls zur jeweiligen Außenecke falten.

Vase

In dieser reizenden Vase können Sie eine Seidenblume an jeden Platz legen. (Es dürfen auch echte Blumen sein, aber Sie sollten bedenken, dass sie ohne Wasser rasch welken, und sie daher erst in letzter Minute arrangieren.) Etwas kleinere Servietten eignen sich besser als große, wobei die Stoffstärke unwichtig ist. Wählen Sie Farbe und Muster dem Anlass entsprechend. Fransen- oder Spitzenkanten kommen bei dieser Form gut zur Geltung. ich habe eine lila-weiß karierte Serviette mit Fransenkante verwendet. Stärken und bügeln Sie die Servietten vor dem Falten.

❶ Die Serviette mit der rechten Seite nach unten und dem Einschlagsaum nach oben als Raute ausbreiten.

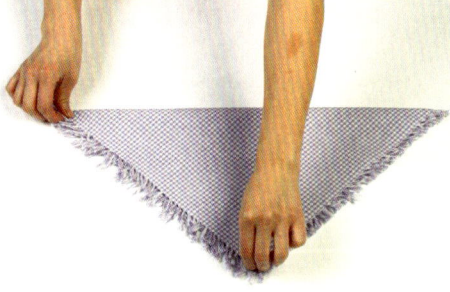

❷ Die untere Ecke zur oberen falten, sodass ein Dreieck entsteht.

❸ Die linke Spitze zur oberen Ecke falten.

❹ Die rechte Spitze ebenfalls zur oberen Ecke falten. Das Ergebnis ist eine kleine Raute.

5 Die schräge linke Unterkante zur vertikalen Mittellinie falten.

6 Die schräge rechte Unterkante ebenfalls zur vertikalen Mittellinie falten, sodass eine Drachenform entsteht.

7 Die linke obere Spitze der oberen Lage nach unten falten. Dann mit der rechten oberen Spitze genauso verfahren.

8 Die Serviette umdrehen und die obere Spitze nach unten falten.

9 Die Oberkante der oberen Lage muss mit jener der unteren Lagen übereinstimmen.

24 Weihnachtsbaum

Diese einfache, originelle Faltfigur hat an Weihnachten natürlich Hochkonjunktur, eignet sich aber auch für den Tag des Baumes oder andere Partys. Damit sie aufrecht stehenbleibt, sollten Sie nach mittelstarken bis dickeren Stoffen Ausschau halten und sie vor dem Falten stärken und bügeln. Damit das Ergebnis nach Baum aussieht, habe ich eine einfarbig grüne Serviette gewählt, aber auch jede andere einfarbige oder gemusterte Serviette kommt infrage. Für ein weihnachtliches Essen können Sie jedes Bäumchen mit einer kleinen Christbaumkugel als Überraschung für die Gäste schmücken – oder einen Stern auf die Spitze setzen.

1 Die Serviette mit der rechten Seite nach unten und dem Einschlagsaum nach oben als Quadrat ausbreiten.

2 Die untere Hälfte nach oben falten, sodass ein horizontales Rechteck entsteht.

3 Die linke obere und die linke untere Ecke zur horizontalen Mittellinie falten, sodass an der linken Seite eine Spitze entsteht.

4 Die rechte obere und die rechte untere Ecke ebenfalls zur horizontalen Mittellinie falten. Nun hat die Serviette an beiden Seiten eine Spitze.

5 Die linke Spitze zur Mitte der Serviette falten.

6 Die rechte Spitze ebenfalls zur Mitte falten. Das Ergebnis ist ein Quadrat.

7 Alle Lagen in der Mitte erfassen und die Serviette vorsichtig anheben.

8 Ober- und Unterkante zur Mitte hin einschlagen, sodass eine stehende Faltform mit vier Spitzen entsteht.

9 Die vier Spitzen exakt anordnen.

Mittelschwer

㉕Clownshut

Man muss kein Kind sein, um diese Faltform hinreißend zu finden. Der Hut lässt sich flach auf den Teller legen, sieht aber viel lustiger aus, wenn man ihn aufstellt. Wählen Sie deshalb Servietten aus festerem Stoff. Zusätzlich hilft es, die Servietten vor dem Falten mit Sprühstärke zu bügeln. Am pfiffigsten wirkt der Clownshut, wenn man ihn aus einer Serviette mit fröhlichem Muster wie dieser grünen mit großen braunen Tupfen faltet. Überraschen Sie Ihre Gäste, indem Sie unter jeder Serviette ein kleines Geschenk verstecken.

1 Die Serviette mit der rechten Seite nach unten und dem Einschlagsaum nach oben als Quadrat ausbreiten.

2 Die untere Hälfte nach oben falten, sodass ein horizontales Rechteck entsteht.

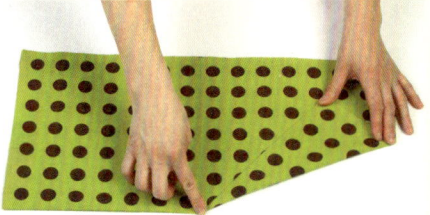

3 Die Mitte der Oberkante mit der rechten Hand auf die Unterlage drücken. Mit der linken Hand die linke obere Ecke zu einem kleinen Dreieck mit einer Basis von ca. 7,5 cm auf die Serviette falten. Die Kante flachdrücken.

4 Den Punkt an der Oberkante weiter mit der rechten Hand fixieren. Die neu entstandene linke Oberkante in der gleichen Breite wie vorher wieder einfalten.

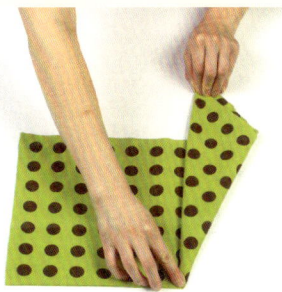

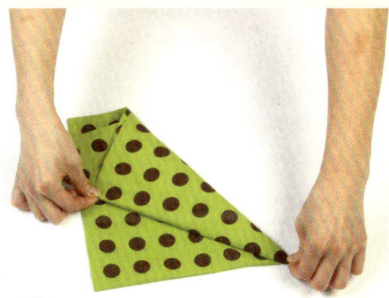

❺ Das seitliche Dreieck noch einmal umfalten, sodass seine rechte Kante nun auf die vertikale Mittellinie trifft.

❻ Diese Faltung noch zweimal in Richtung des anderen Endes der Serviette wiederholen.

❼ Das Dreieck noch ein letztes Mal umfalten, sodass es nun das andere Ende der Serviette erreicht und die Kanten bündig aufeinandertreffen.

❽ Die Serviette so drehen, dass die Spitze auf Sie weist.

❾ Die Dreiecksbasis erfassen und das untere Drittel nach außen umstülpen, sodass ein Kegel entsteht.

❿ Den Kegel so ausformen, dass er aufrecht stehenbleibt. Die Spitzen gegebenenfalls in Form bringen.

26 Doppelter Briefumschlag

Diese witzige Faltform bildet einen reizvollen Untergrund für Tischkärtchen oder keine Überraschungen. Sie gelingt am besten mit etwas festeren Servietten wie diesem mehrfarbigen Exemplar mit dem hübschen Blumenmuster in Blau, Weiß und Grün. Bei der fertigen Faltfigur ist ein Teil der Rückseite zu sehen, daher sollten Sie Servietten aussuchen, deren beide Seiten präsentabel sind. Stärken und bügeln Sie die Servietten vor dem Falten. Die fertige Figur kann nach Belieben horizontal, vertikal oder diagonal auf dem Teller platziert werden.

1 Die Serviette mit der rechten Seite nach unten und dem Einschlagsaum nach oben als Quadrat ausbreiten.

2 Die untere Hälfte nach oben falten, sodass ein horizontales Rechteck entsteht.

3 Die linke Hälfte nach rechts falten. Das Ergebnis ist ein Quadrat.

4 Die rechte obere Ecke der obersten Lage zur linken unteren Ecke falten. Dabei zeigt sich ein Dreieck auf dem Quadrat.

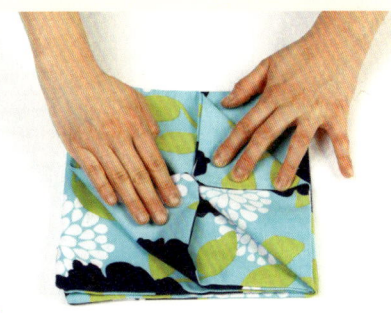

5 Die Ecke derselben Lage zur Mitte der Serviette zurück falten, wobei ein kleineres Dreieck entsteht.

6 Die rechte obere Ecke der nächsten Lage zur Mitte falten: Jetzt sehen Sie zwei kleine Dreiecke.

7 Die linke obere Ecke nach hinten zur Mitte der Serviette einschlagen.

8 Die rechte untere Ecke ebenfalls nach hinten zur Mitte der Serviette einschlagen.

27 Dreiband

Der Name dieser Faltfigur bezieht sich auf die drei unterschiedlich breiten Querbänder, die sich bei der fertigen Faltung zeigen. Damit dieser Effekt bestmöglich zum Tragen kommt, sollten Sie eine doppelseitige Serviette wie diese mit grünem Blütenmuster auf der einen und roten Streifen auf der anderen Seite verwenden. Stärken und bügeln Sie die Servietten vor dem Falten.

1 Die Serviette mit der rechten Seite nach unten und dem Einschlagsaum nach oben als Quadrat ausbreiten.

2 Das untere Drittel nach oben falten.

3 Die obere Kante sofort zur Hälfte wieder nach unten falten.

4 Die Oberkante der Serviette so weit nach unten falten, dass die Kante leicht überlappt und ein horizontales Rechteck mit drei Querbändern entsteht.

5 Die Serviette umdrehen, jedoch darauf achten, dass Ober- und Unterkante ihre Position beibehalten. Die rechte Kante etwa 5 cm breit nach links umfalten.

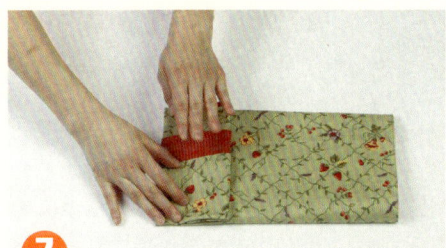

7 Das entstandene vertikale Band noch zwei weitere Male nach links falten.

8 Die linke Kante etwa 5 cm breit nach links falten.

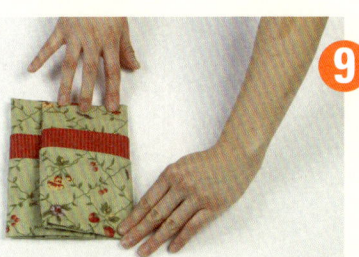

9 Wie zuvor das rechte vertikale Band nun auch das linke vertikale Band weitere zwei Mal nach rechts umfalten, bis es die rechte Seite entweder überlappt (siehe Foto links) oder berührt (siehe Foto unten).

28 Enthüllung

Die Faltform „Enthüllung" eignet sich besonders gut für eine doppelseitig bedruckte Serviette. Das Ergebnis ist eine einfache Raute, bei der eine kleine Partie umgeschlagen ist, sodass die Rückseite des Stoffs sichtbar wird. Die Stoffstärke spielt keine Rolle. Stärken und bügeln Sie die Servietten vor dem Falten.

1 Die Serviette mit der rechten Seite nach unten und dem Einschlagsaum nach oben als Quadrat ausbreiten.

2 Die untere Hälfte nach oben falten, sodass ein horizontales Rechteck entsteht.

3 Die linke Seitenkante zur Oberkante falten.

4 Die rechte Seitenkante ebenfalls zur Oberkante falten, sodass ein Dreieck entsteht.

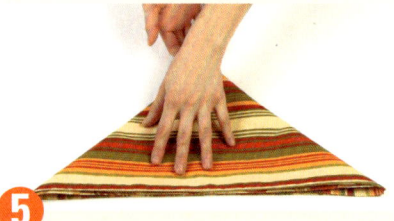

5 Die Serviette umdrehen. Die Spitze weist nach wie vor nach unten.

6 Die linke Spitze zur unteren Spitze falten.

7 Die rechte Spitze ebenfalls zur unteren Spitze falten. Das Ergebnis ist eine Raute.

8 Die linke untere Spitze der obersten Lage anheben und 2,5 bis 5 cm nach links umschlagen, sodass darunter die Rückseite der Serviette zum Vorschein kommt. Die Serviette glatt streichen.

9 Die rechte untere Spitze der obersten Lage anheben und 2,5 bis 5 cm nach rechts umschlagen, damit sich auch hier die Rückseite der Serviette zeigt. Die Serviette wieder glatt streichen und beliebig auf dem Teller anordnen.

㉙ Fisch

Der originelle Fisch erfreut Kinder ebenso wie Erwachsene. Für diese Faltform eignet sich zwar prinzipiell jeder einfarbige oder gemusterte Stoff, aber ich liebe dafür besonders leuchtende, lebhafte Farben. Verwenden Sie Servietten aus nicht zu dünnem Stoff, den Sie vor dem Falten mit Sprühstärke bügeln und anschließend noch einmal vorsichtig überbügeln. Als Auge können Sie einen Knopf oder ein anderes dekoratives Objekt auf die fertig gefaltete Serviette legen.

❶ Die Serviette mit der rechten Seite nach unten und dem Einschlagsaum nach oben als Quadrat ausbreiten.

❷ Die linke obere Ecke auf die rechte untere falten, sodass ein Dreieck entsteht.

❸ Das Dreieck so drehen, dass die Spitze nach unten zeigt. Die Oberkante nach unten falten, sodass ein ca. 5 cm breites Band sichtbar wird.

❹ Die Serviette umdrehen, sodass die Spitze weiterhin nach unten weist.

5 Die Mitte der Oberkante mit der rechten Hand auf der Arbeitsfläche fixieren. Mit der linken Hand die linke Hälfte der Oberkante zur vertikalen Mittellinie falten. Dabei steht die Spitze unten ein Stück weit über.

6 Die rechte Hälfte der Oberkante ebenfalls zur vertikalen Mittellinie falten, sodass auch hier die Spitze unten übersteht.

7 Die rechte und die linke untere Spitze jeweils im 90-Grad-Winkel nach außen falten und die „Flossen" durch Bügeln in dieser Position fixieren.

8 Die Serviette umdrehen und mit dem „Kopf" nach links oder rechts auf dem Teller platzieren.

 Herz

Diese romantische Faltform ist genau das Richtige für den Valentinstag, aber auch für jedes andere Essen mit den Menschen, die Sie lieben. Für das Herz eignen sich festere Stoffe mit kleinen bis mittelgroßen Druckmustern. Sie können es aber auch aus einfarbigen Stoffen falten. Bügeln Sie die Servietten vor dem Falten mit Sprühstärke und nach dem Falten ohne Stärke noch einmal, damit das Herz seine Form hält.

1 Die Serviette mit der rechten Seite nach unten und dem Einschlagsaum nach oben als Quadrat ausbreiten. Die untere Hälfte auf die obere falten, sodass ein Rechteck entsteht.

2 Die obere Hälfte noch einmal auf die untere falten. Dabei entsteht ein schmaleres Rechteck.

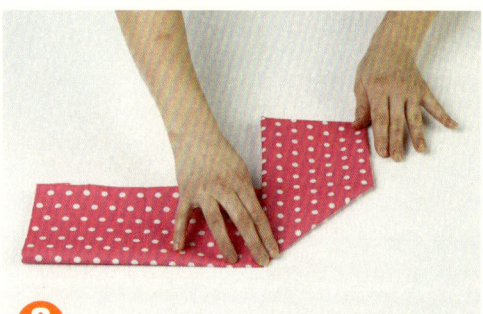

3 Die Mitte der Oberkante mit der rechten Hand auf der Arbeitsfläche fixieren. Mit der linken Hand die linke Hälfte der Oberkante nach unten zur vertikalen Mittellinie falten.

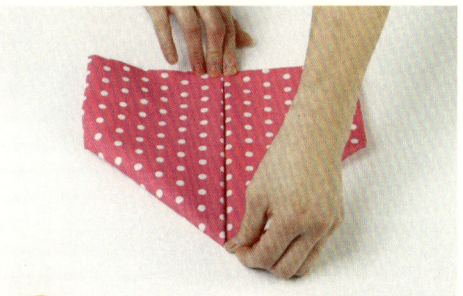

4 Auch die rechte Hälfte der Oberkante zur vertikalen Mittellinie der Serviette falten.

5 Die Serviette umdrehen. Dabei sollen die Spitze weiterhin nach oben und die beiden Rechtecke nach unten weisen. Die rechte und die linke untere Ecke des linken Rechtecks zur vertikalen Mittellinie dieses Rechtecks falten, sodass eine Spitze entsteht.

6 Beim rechten Rechteck auf dieselbe Weise ebenfalls eine Spitze falten.

7 Die Serviette wieder umdrehen und mit der Spitze nach unten auf den Teller legen.

③① Kapuze

Die Kapuze ist schlicht und elegant und hat eine kleine Öffnung für eine Überraschung oder ein Bonbon. Wählen Sie Farbe und Muster passend zum Anlass und zum Service. Diese Faltform gelingt am besten mit großen Servietten aus dünnerem Stoff, den Sie vor dem Falten stärken und bügeln.

1 Die Serviette mit der rechten Seite nach unten und dem Einschlagsaum nach oben als Quadrat ausbreiten.

2 Das obere Drittel der Serviette nach unten falten.

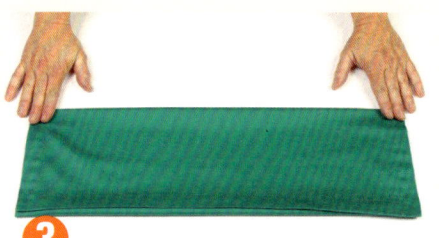

3 Das untere Drittel nach oben falten, sodass ein horizontales Rechteck entsteht.

4 Die Mitte der Unterkante mit der linken Hand auf der Arbeitsfläche fixieren und mit der rechten Hand die rechte Hälfte der Serviette nach oben falten, sodass die bisherige Unterkante knapp neben der vertikalen Mittellinie liegt.

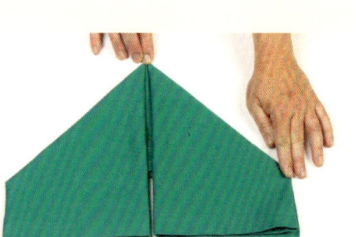

5 Die linke Hälfte ebenso nach oben falten. Zwischen beiden Hälften muss an der vertikalen Mittellinie eine kleine Lücke bleiben.

6 Die Serviette umdrehen, sodass die Spitze nach unten und die beiden losen Rechtecke nach oben zeigen.

7 Die Oberkante des rechten oberen Rechtecks bis knapp an die Oberkante des großen Dreiecks falten.

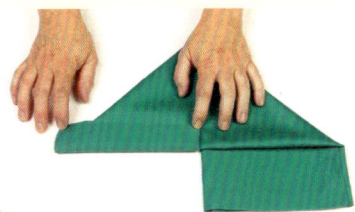

8 Das rechte Rechteck noch einmal nach unten falten. Es bildet nun ein Band auf der rechten Seite des Dreiecks.

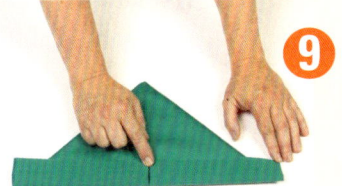

9 Die Oberkante des linken Rechtecks ebenfalls bis fast an die Oberkante des Dreiecks falten und dann noch einmal nach unten umschlagen, sodass ein Band auf der linken Seite des Dreiecks entsteht.

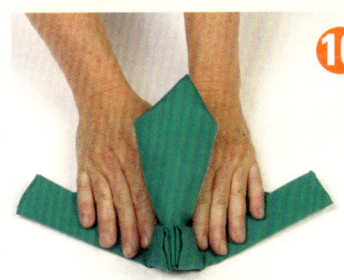

10 Jeweils eine Hand auf jedes der beiden Bänder legen und die Bänder nach unten unter das Dreieck ziehen.

Die beiden Bänder parallel nebeneinander flach auf der Arbeitsfläche ausrichten. Dabei stellt sich das Dreieck nach oben auf. **11**

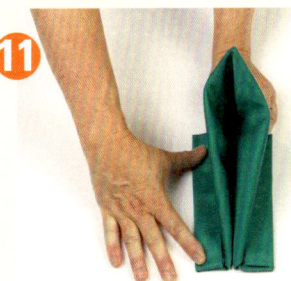

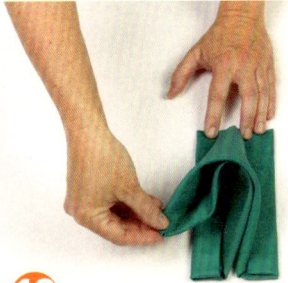

12 Das Dreieck an einer Seite nach unten biegen, sodass eine runde Öffnung entsteht. Die Servietten mit der Öffnung zum Gast aufstellen.

③② Kleiner Schwan

Gestalten Sie diesen reizenden kleinen Schwan mit einer beliebigen einfarbigen oder gemusterten Serviette. Ich habe eine blau-weiß gemusterte Serviette verwendet, die gut zu einem Brunch, einem Mittagessen oder einer Grillparty passen würde. Der Stoff sollte eher dünn sein, damit die mehrfachen Lagen, die für diese Faltform nötig sind, nicht zu stark auftragen. Stärken und bügeln Sie die Servietten vor dem Falten.

❶ Die Serviette mit der rechten Seite nach unten und dem Einschlagsaum nach oben als Quadrat ausbreiten.

❷ Die rechte untere Ecke zur linken oberen falten, sodass ein Dreieck entsteht.

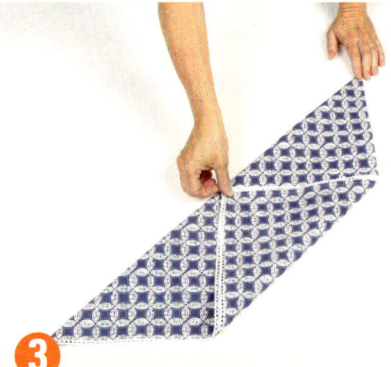

❸ Die linke obere Ecke zur Mitte der Kante zurückfalten.

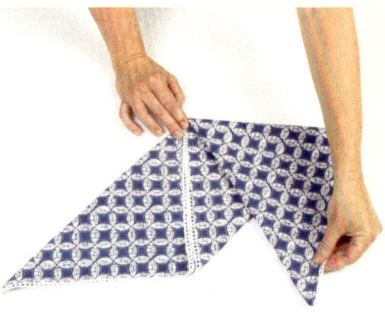

❹ Die Mitte der langen Kante mit der rechten Hand auf der Arbeitsfläche fixieren. Mit der linken Hand die linke untere Spitze schräg nach links oben falten.

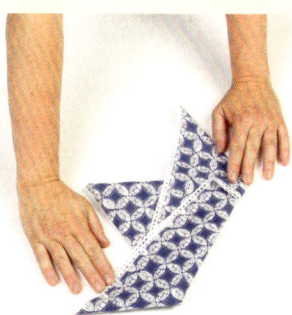

5 Die rechte Spitze über die linke falten, sodass sie die vorhergehende Faltung überlappt. Links unten müssen alle Kanten übereinstimmen, rechts unten entsteht eine Spitze.

6 Von der Seite mit den zwei Spitzen aus ein Drittel der Serviette nach rechts unten falten.

7 Die linke untere Spitze unter der Serviette zur rechten oberen Spitze führen, sodass die Serviette zur Hälfte zusammengelegt wird.

8 Die rechte untere Spitze umfalten: So bekommt der Schwan einen Kopf.

33 Lilie

Die Lilie gehört zu den klassischen Serviettenfaltungen, die jedem Tisch eine festliche Note verleihen. Sie können eine kleine Version aus einer Lunchserviette oder eine größere aus einer Dinnerserviette falten und dabei Stoffstärke, Farbe und Muster nach Belieben wählen. Ich habe eine bronzefarbene Serviette mit Fransenkante verwendet. Stärken und bügeln Sie die Servietten vor dem Falten.

1 Die Serviette mit der rechten Seite nach unten und dem Einschlagsaum nach oben als Raute ausbreiten.

2 Die untere Ecke zur oberen falten, sodass ein Dreieck entsteht.

3 Die linke Spitze zur oberen Ecke falten.

4 Auch die rechte Spitze zur oberen Ecke falten. Das Ergebnis ist wieder eine Raute.

5 Die untere Ecke so weit nach oben falten, dass noch ca. 2,5 cm der unteren Lage sichtbar bleiben.

6 Die Spitze der oberen Lage zur Unterkante falten.

7 Die Serviette umdrehen. Die gerade Kante weist dabei weiter zu Ihnen.

8 Das linke Drittel der Serviette nach rechts falten, wobei die Unterkanten übereinstimmen müssen.

9 Die rechte Spitze nach links falten und in die Tasche stecken, die an der linken Seite entstanden ist.

10 Die Serviette aufstellen und dabei seitlich leicht zusammendrücken, damit sich die Unterkante rundet. Die linke Spitze nach unten ziehen.

11 Auch die rechte Spitze nach unten ziehen.

③④ Lotusblüte

Diese schöne Faltfigur lässt sich gut zwischen einem Teller und einer Schale, aber auch in einer flachen Schüssel platzieren, wo sie wie eine Artischocke wirkt. Ich habe eine mittelblaue Serviette ausgesucht, aber Sie können einfarbige oder gemusterte Servietten in jeder beliebigen Stoffstärke verwenden. Stärken und bügeln Sie die Servietten vor dem Falten.

❶ Die Serviette mit der rechten Seite nach unten und dem Einschlagsaum nach oben als Quadrat ausbreiten.

❷ Die linke untere Ecke zur Mitte der Serviette falten.

❸ Auch die rechte untere Ecke zur Mitte falten.

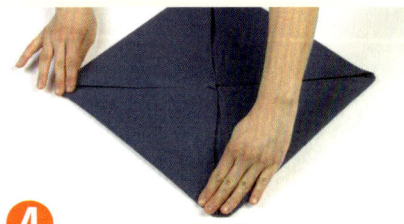

❹ Die linke und die rechte obere Ecke ebenfalls zur Mitte falten, sodass eine Raute entsteht.

❺ Die untere Ecke zur Mitte der Serviette falten.

❻ Die obere Ecke ebenfalls zur Mitte falten.

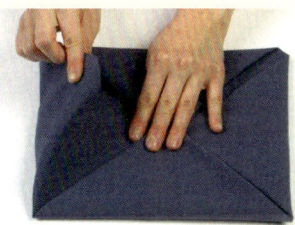

7 Anschließend die linke und die rechte Ecke zur Mitte falten. Das Ergebnis ist ein kleineres Quadrat.

8 Die Serviette umdrehen und als Quadrat hinlegen. Wieder die linke und die rechte untere Ecke zur Mitte falten.

9 Die linke und die rechte obere Ecke zur Mitte falten, sodass sich wieder eine Raute zeigt.

10 Die Mitte der Raute mit der linken Hand auf die Arbeitsfläche drücken. Mit der rechten Hand unter die rechte Ecke greifen und darunter die Spitze in der Mitte erfassen. Diese Spitze vorsichtig als Blütenblatt nach außen ziehen.

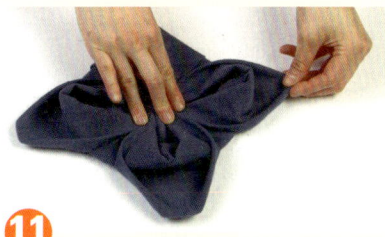

11 Diesen Vorgang bei den anderen Ecken wiederholen.

12 Die Blütenblätter gegebenenfalls etwas ausformen, dann an jedem Platz eine Lotosblüte arrangieren.

㉟Orchidee

Diese weiche, elegante Faltform wird üblicherweise in einem (Wein-)Glas arrangiert. Sie können aber auch das untere Ende durch einen Serviettenring ziehen und die Orchidee flach auf einen Teller legen. Verwenden Sie eine Serviette Ihrer Wahl passend zum Anlass: Jede Stoffstärke, Farbe und Musterung eignet sich. Ich habe eine gelbe Serviette mit weißem Muster verwendet. Stärken und bügeln Sie die Serviette und stellen Sie Glas oder Serviettenring bereit, bevor Sie zu falten anfangen.

1 Die Serviette mit der rechten Seite nach unten und dem Einschlagsaum nach oben als Quadrat ausbreiten.

2 Die untere Hälfte nach oben falten, sodass ein Rechteck entsteht.

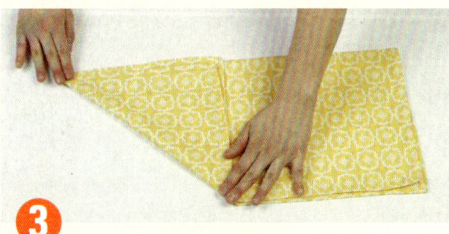

3 Die rechte obere Ecke zur Mitte der Unterkante falten.

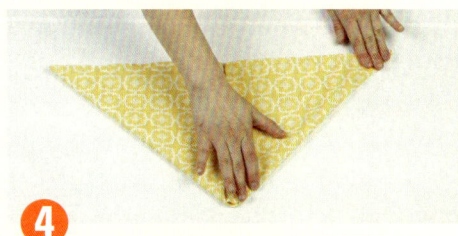

4 Die linke obere Ecke ebenfalls zur Mitte der Unterkante falten. Das Ergebnis ist ein Dreieck.

5 Die rechte untere Ecke zur oberen Ecke falten.

6 Die linke untere Ecke ebenfalls zur oberen Ecke falten. Nun ist eine Raute entstanden.

7 Auf der rechten Seite der Raute die obere Lage der oberen Sitze anheben, die Daumen zwischen die Lagen schieben, um die Lagen zu öffnen und die Spitze 2,5 cm breit nach rechts umzuschlagen, sodass ein Blütenblatt entsteht.

9 Die Serviette im unteren Drittel anheben und beidseitig jeweils ca. 2,5 cm der Unterkante nach hinten umschlagen. Die rechte und die linke Ecke sollen aber weiterhin seitlich abstehen.

8 Auf der linken Seite der Raute ebenfalls die obere Lage der oberen Spitze anheben, die Daumen zwischen die Lagen schieben und die Lagen öffnen und nach links umschlagen, sodass ein weiteres Blütenblatt entsteht.

10 Die Serviette in ein Glas stellen und die Blütenblätter hübsch arrangieren.

36 Papagei

Streifenstoffe in leuchtenden Farben bringen diese Faltform hervorragend zur Geltung. Der Papagei sieht aber auch in fast jeder anderen Farbe und Musterung effektvoll aus. Mittelstarke bis feste Stoffe eignen sich am besten. Stärken und bügeln Sie die Servietten vor dem Falten.

1 Die Serviette mit der rechten Seite nach unten und dem Einschlagsaum nach oben als Quadrat ausbreiten.

2 Die untere Hälfte nach oben falten, sodass ein horizontales Rechteck entsteht.

3 Mit der linken Hand die obere Lage an der rechten oberen Ecke anheben und mit der rechten Hand die rechte untere Ecke nach innen zur vertikalen Mittellinie falten.

4 Den Falz glätten.

5 Mit der rechten Hand die obere Lage an der linken oberen Ecke anheben und die linke untere Ecke nach innen zur vertikalen Mittellinie falten.

6 Das große Dreieck glätten.

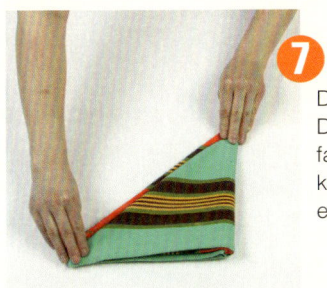

7 Die linke Spitze des Dreiecks zur rechten falten, sodass ein kleineres Dreieck entsteht.

8 Die unterste Spitze des Dreiecks mit der rechten Hand fixieren und die vier Lagen mit der linken Hand auffächern.

9 Die Serviette umdrehen, sodass die vier Spitzen oben links liegen und die Faltkante unten rechts verläuft. Die Serviette von der Faltkante aus etwa bis zur Mitte aufrollen.

10 Die Serviette wieder umdrehen und auf einem Teller arrangieren.

③⑦ Seerose

Diese fantastische Faltform sieht schwieriger aus, als sie ist. Wenn Sie den Bogen erst einmal heraus haben, gelingt Ihnen die Seerose im Nu. Weil diese Faltfigur einen reizvollen, femininen, floralen Touch hat, könnten Sie damit den Tisch bei einem Abend unter Frauen oder bei einem Fest mit einem weiblichen Ehrengast dekorieren. Verwenden Sie Servietten aus mittelstarkem Stoff, den Sie leicht stärken und bügeln. Die Wahl der Farbe und des Musters bleiben Ihnen überlassen. Im Inneren der Blüte können Sie für jeden Gast eine echte Blüte, eine kleine Überraschung oder auch ein Brötchen oder einen Muffin platzieren.

❶ Die Serviette mit der rechten Seite nach unten und dem Einschlagsaum nach oben als Quadrat ausbreiten.

❷ Die linke und die rechte untere Ecke zur Mitte der Serviette falten.

❸ Auch die linke und die rechte obere Ecke zur Mitte falten, sodass eine Raute entsteht.

❹ Die rechte Ecke zur Mitte der Serviette falten.

❺ Die linke Ecke ebenfalls zur Mitte falten.

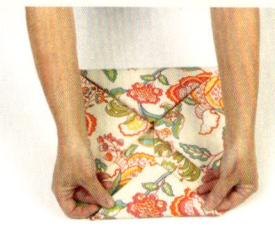

❻ Anschließend die obere und die untere Ecke zur Mitte falten. Das Ergebnis ist ein kleineres Quadrat.

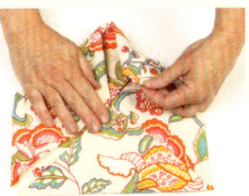

7 Wieder die linke und die rechte untere Ecke zur Mitte der Serviette falten.

8 Die linke und die rechte obere Ecke zur Mitte falten, sodass sich wieder eine Raute zeigt.

9 Die Raute umdrehen und als Quadrat hinlegen. Die rechte obere Ecke zur Mitte der Serviette falten.

10 Die übrigen drei Ecken ebenfalls zur Mitte der Serviette falten, sodass wieder eine Raute entsteht.

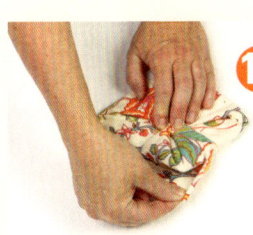

11 Die Mitte der Raute mit der linken Hand festhalten. Mit der rechten Hand unter eine der oberen Ecken greifen und darunter die Spitze in der Mitte erfassen. Diese Spitze vorsichtig als Blütenblatt nach außen ziehen.

12 Schritt 11 bei allen drei übrigen Ecken wiederholen: Die Mitte der Raute mit der einen Hand fixieren, mit der anderen Hand die Spitzen von der Mitte nach außen ziehen, um die Blütenblätter auszuformen.

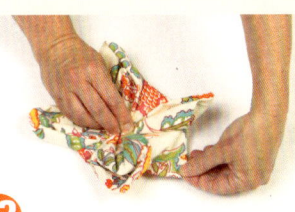

13 Die Mitte der Serviette mit der rechten Hand festhalten und mit der linken Hand unter die linke obere Kante greifen. Die Spitze in der Mitte darunter vorsichtig nach außen und oben ziehen, sodass ein Blütenblatt entsteht.

14 Schritt 13 bei den übrigen drei Kanten wiederholen: Die Serviette mit der einen Hand festhalten, mit der anderen unter jede Kante greifen, die in der Mitte liegende Spitze erfassen und vorsichtig nach außen und oben ziehen.

38 Turm

Der Turm kann als Tasche mit Besteck gefüllt und links vom Teller platziert oder aber auf jeden Teller gelegt werden. Er gelingt mit Servietten jeder Stoffstärke, Farbe und Musterung. Bügeln Sie die Servietten vor dem Falten mit Sprühstärke und überbügeln Sie die fertige Faltfigur später noch einmal vorsichtig.

1 Die Serviette mit der rechten Seite nach unten und dem Einschlagsaum nach oben als Quadrat ausbreiten.

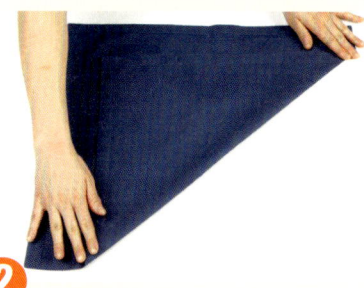

2 Die linke obere Ecke so nach rechts unten falten, dass noch ca. 5 cm der unteren Lage sichtbar bleiben.

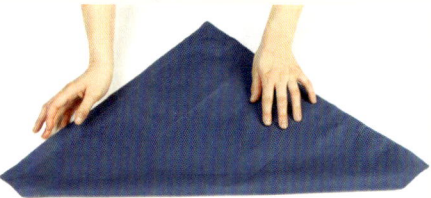

3 Die Serviette umdrehen und so hinlegen, dass die längste Kante oben liegt.

4 Die linke obere Ecke nach unten falten. Die schräge linke Kante sollte dabei etwa gedrittelt werden. Die linken Kanten müssen miteinander abschließen.

5 Auf der rechten Seite spiegelbildlich genauso verfahren, sodass auch rechts die Außenkanten übereinstimmen.

6 Die Oberkante ca. 5 cm breit nach unten falten.

7 Die Serviette umdrehen, wobei die Spitze weiter nach unten weist.

8 Das linke Drittel der Serviette nach rechts falten.

9 Die rechte Spitze so nach links falten, dass sie mit der linken Kante abschließt. Die Ecke unter die oberste Lage einstecken.

39 Welle

Die Welle bietet reizvolle Möglichkeiten, Besteck oder ein Tischkärtchen zu arrangieren. Sie können jedes Besteckteil hinter eine der Wellen legen, wenn Sie möchten. Mit der mittelblauen Serviette habe ich das Thema Wasser aufgegriffen, aber die Faltform sieht auch mit jedem anderen Stoff dekorativ aus. Bügeln Sie die Servietten vor dem Falten mit Sprühstärke und überbügeln Sie die fertige Figur nach dem Falten noch einmal vorsichtig.

1 Die Serviette mit der rechten Seite nach unten und dem Einschlagsaum nach oben als Quadrat ausbreiten.

2 Die untere Hälfte nach oben falten, sodass ein horizontales Rechteck entsteht.

3 Mit der linken Hand die obere Lage an der rechten oberen Ecke anheben und mit der rechten Hand die rechte untere Ecke nach innen zur vertikalen Mittellinie falten.

4 Mit der rechten Hand die obere Lage an der linken oberen Ecke anheben und die linke untere Ecke nach innen zur vertikalen Mittellinie falten, sodass ein Dreieck entsteht.

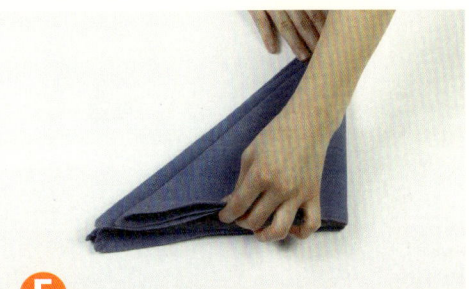

5 Die linke Hälfte des Dreiecks auf die rechte falten. Das Ergebnis ist ein kleineres Dreieck.

6 Die untere Spitze des Dreiecks mit der rechten Hand festhalten und die vier Spitzen Lage für Lage mit der linken Hand auffächern.

7 Die untere Spitze unter der Serviette zur linken oberen Ecke falten, sodass die linken Kanten übereinstimmen.

8 Die Serviette vertikal oder leicht schräg arrangieren. Wenn Sie die Serviette über dem Besteck drapieren wollen, drehen Sie die untere Spitze nur locker ein.

④⓪ Wendeltreppe

Diese Faltfigur, die aufrecht auf dem Teller steht und an eine Wendeltreppe erinnert, wirkt äußerst eindrucksvoll. Wählen Sie Farbe und Muster nach Belieben, doch verwenden Sie Servietten aus dickem, festem Stoff, wie diesem braunen Webstoff mit der dezenten Randborte. Bügeln Sie die Servietten vor dem Falten mit reichlich Sprühstärke. Am besten gelingt die Form, wenn Sie die bereits gefaltete Serviette noch einmal bügeln, bevor Sie sie aufrollen und aufstellen.

❶ Die Serviette mit der rechten Seite nach unten und dem Einschlagsaum nach oben als Quadrat ausbreiten.

❷ Die untere Hälfte nach oben falten, sodass ein horizontales Rechteck entsteht.

❸ Mit der linken Hand die obere Lage an der rechten oberen Ecke anheben und mit der rechten Hand die rechte untere Ecke nach innen zur vertikalen Mittellinie falten.

❹ Mit der rechten Hand die obere Lage an der linken oberen Ecke anheben und die linke untere Ecke ebenfalls nach innen zur vertikalen Mittellinie falten, sodass ein Dreieck entsteht.

5 Die linke Hälfte des Dreiecks auf die rechte falten. Das Ergebnis ist ein kleineres Dreieck. Die Spitzen aller vier Lagen noch einmal bügeln, dann steht die Serviette stabiler.

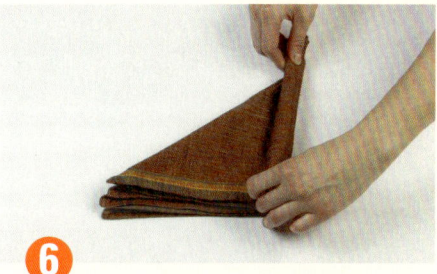

6 Die Serviette von der linken Seite so aufrollen, dass die Oberkante sich nicht verschiebt.

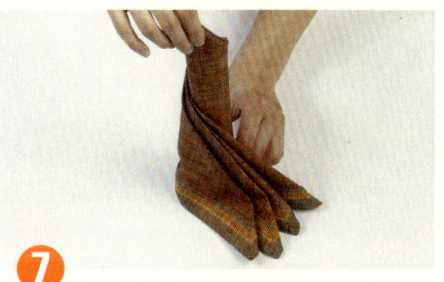

7 Weiterrollen bis kurz vor das Ende der Serviette. Die Serviette mit der breiteren Seite nach unten aufstellen und aufrecht halten.

8 Die vier Spitzen an der Basis der Serviette auffächern, sodass die Serviette aufrecht stehen bleibt und der Wendeltreppen-Effekt entsteht.

(41) Wikingerhelm

Weil bei dieser Faltfigur die Spitzen seitlich abstehen wie zwei Hörner, trägt sie den Namen „Wikingerhelm". Passend dazu habe ich einen nordisch angehauchten Stoff in den Naturtönen Rostrot, Braun und Cremeweiß verwendet. Wählen Sie Servietten aus einem Stoff mittlerer Stärke in beliebiger Farbe und Musterung und stärken Sie die Servietten vor dem Bügeln, wenn der Helm aufrecht stehen soll.

1 Die Serviette mit der rechten Seite nach unten und dem Einschlagsaum nach oben als Raute ausbreiten.

2 Die obere Ecke zur unteren falten, sodass ein Dreieck entsteht.

3 Die rechte Spitze zur unteren Ecke falten.

4 Die linke Spitze ebenfalls zur unteren Ecke falten. Das Ergebnis ist eine Raute.

5 Die linke untere Spitze der oberen Lage zur oberen Ecke falten. Dabei bildet sich ein kleines Dreieck auf der linken oberen Hälfte der Raute.

6 Die rechte untere Spitze der oberen Lage zur oberen Ecke falten. Auch auf der rechten oberen Hälfte der Raute zeigt sich nun ein kleines Dreieck.

7 Die obere Spitze des kleinen Dreiecks in der linken oberen Hälfte schräg nach links falten, sodass sich ein schmales Dreieck bildet, dessen Spitze über die linke Oberkante der Raute hinausragt.

8 Die obere Spitze des kleinen Dreiecks in der rechten oberen Hälfte schräg nach rechts falten, sodass sich ein schmales Dreieck bildet, dessen Spitze über die rechte Oberkante der Raute hinausragt.

9 Die untere Spitze der Raute so nach oben falten, dass ca. 5 cm der unteren Lage sichtbar bleiben.

10 Die Serviette umdrehen, wobei die Spitze weiterhin nach oben weist.

11 Die Unterkante ca. 2,5 cm breit unter die Serviette einfalten, sodass ein Band entsteht.

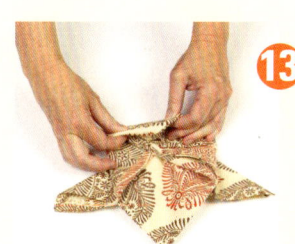

12 Die rechte untere Spitze so nach links falten, dass die Unterkante gedrittelt wird.

13 Die linke untere Spitze nach rechts falten und unter die oberste Lage der vorhergehenden Faltung stecken, um sie zu sichern.

14 Die Serviette umdrehen und mit der geraden Kante nach unten auf den Teller legen. Alternativ die Unterkante öffnen und rund ausformen, dann den Wikingerhelm aufstellen.

42 Windrad

Diese außergewöhnliche Faltform bringt bei jedem zwanglosen Essen – sei es für Kinder oder Erwachsene – Leben auf den Tisch. Sie gelingt mit einfarbigen oder gemusterten Servietten jeder Stoffstärke. Vor dem Falten sollten Sie die Servietten stärken und bügeln, nach dem Falten noch einmal vorsichtig überbügeln.

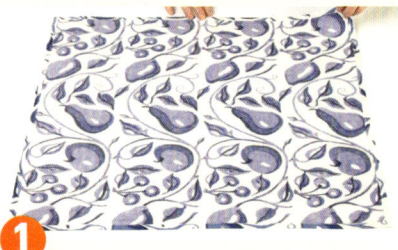

1 Die Serviette mit der rechten Seite nach unten und dem Einschlagsaum nach oben als Quadrat ausbreiten.

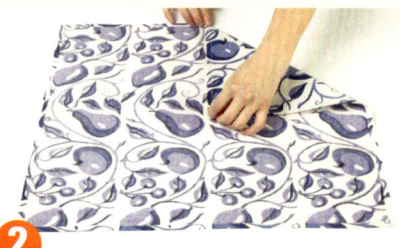

2 Die linke untere Ecke zur Mitte der Serviette falten.

3 Die rechte untere Ecke ebenfalls zur Mitte der Serviette falten.

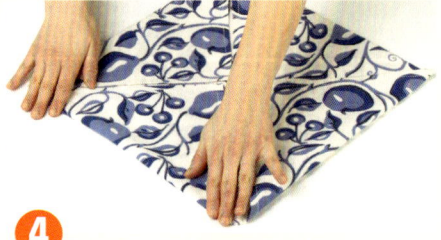

4 Auch die linke und rechte obere Ecke zur Mitte falten, sodass eine Raute entsteht.

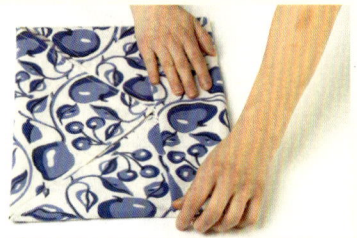

5 Die Serviette so drehen, dass sie als Quadrat vor Ihnen liegt. Die linke Kante zur vertikalen Mittellinie falten.

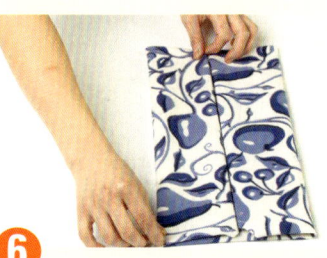

6 Die rechte Kante ebenfalls zur vertikalen Mittellinie falten. Das Ergebnis ist ein vertikales Rechteck.

7 Die Unterkante zur horizontalen Mittellinie falten.

8 Die Oberkante zur horizontalen Mittellinie falten, sodass ein Quadrat entsteht.

9 Die beiden Spitzen, die auf der linken Seite des Quadrats innerhalb der oberen Lage verborgen sind, vorsichtig herausziehen, sodass sich eine Spitze zeigt.

10 Auch auf der rechten Seite die beiden Spitzen, die innerhalb der oberen Lage verborgen sind, vorsichtig herausziehen, wobei wieder eine Spitze sichtbar wird.

11 Die obere Hälfte der linken Spitze so falten, dass sie im rechten Winkel nach oben weist.

12 Die untere Hälfte der rechten Spitze so falten, dass sie im rechten Winkel nach unten weist.

Komplex

㊸ Bambus

Diese reizende kleine Faltfigur empfiehlt sich für Salat- oder Dessertteller. Verwenden Sie Servietten aus dickerem Stoff, denn dünne Stoffe verleihen der Figur nicht genug Stand. In der Wahl von Farbe und Muster sind Sie frei. Ich habe eine Serviette mit blauem Toile-Druck auf gelbem Grund verwendet. Bügeln Sie die Servietten vor dem Falten mit Sprühstärke.

1 Die Serviette mit der rechten Seite nach unten und dem Einschlagsaum nach oben als Quadrat ausbreiten.

2 Das untere Drittel des Quadrats nach oben falten.

3 Die Oberkante zur Unterkante falten, sodass ein horizontales Rechteck entsteht.

4 Die Mitte der Unterkante mit der rechten Hand auf der Arbeitsfläche fixieren. Mit der linken Hand die linke Hälfte der Unterkante zur vertikalen Mittellinie der Serviette falten.

5 Die rechte Hälfte der Unterkante ebenfalls zur vertikalen Mittellinie falten. Das Ergebnis ist ein Dreieck, über das oben zwei Rechtecke hinausragen.

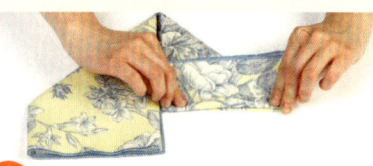

6 Das linke obere Rechteck entlang der Dreiecksoberkante nach unten falten.

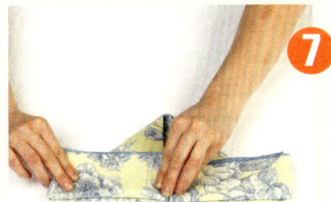

7 Das rechte Rechteck ebenfalls entlang der Dreiecksoberkante nach unten falten.

8 Die Serviette so drehen, dass die Spitze nach rechts zeigt. Die untere Hälfte nach oben falten.

9 Die Oberkante der oberen Lage fassen …

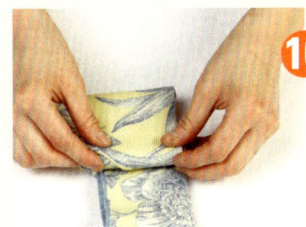

10 … und nach innen einfalten.

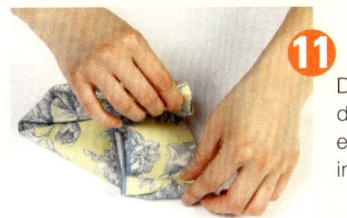

11 Die Oberkante der unteren Lage ebenfalls nach innen einfalten.

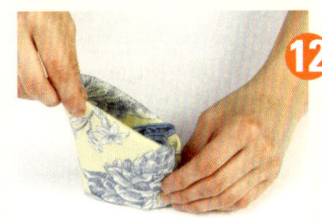

12 Die Serviette auf eine flache Unterlage stellen und dabei beide Lagen zusammenhalten.

13 Die Faltfigur mit der hohen Seite nach hinten so aufstellen, dass die inneren Lagen sichtbar sind.

④④ Elfenstiefel

Aus einer roten oder grünen Serviette gefaltet, ist diese Figur eine Zierde für jede Weihnachtstafel. Zu anderen Anlässen eignen sich auch andersfarbige oder gemusterte Servietten. Verwenden Sie Servietten mittlerer Stärke: Sie benötigen etwas Gewicht, damit die Faltung stabil wird, aber wiederum nicht so viel Volumen, dass die Figur mit den mehrfachen Lagen allzu dick gerät. Stärken und bügeln Sie die Servietten vor dem Falten leicht. Einen fertigen Stiefel können Sie beispielsweise zusammen mit einer Christbaumkugel auf dem Teller eines jeden Gasten arrangieren.

1 Die Serviette mit der rechten Seite nach unten und dem Einschlagsaum nach oben als Quadrat ausbreiten.

2 Die obere Hälfte nach unten falten.

3 Die obere Hälfte noch einmal nach unten falten, sodass ein schmales, horizontales Rechteck entsteht.

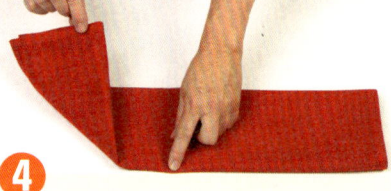

4 Die Mitte der Oberkante mit der linken Hand auf der Arbeitsfläche fixieren und mit der rechten Hand die rechte Hälfte der Oberkante zur vertikalen Mittellinie falten.

5 Die linke Hälfte der Oberkante ebenfalls zur vertikalen Mittellinie falten.

6 Die schräge rechte Oberkante zur vertikalen Mittellinie falten.

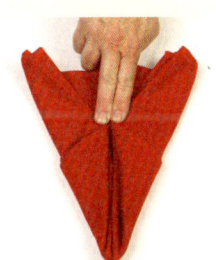

7 Die schräge linke Oberkante ebenfalls zur vertikalen Mittellinie falten.

8 Die rechte Hälfte der Serviette auf die linke falten.

9 Die Unterkante der oberen Lage im rechten Winkel nach rechts falten.

10 Die rechte untere Ecke zur linken Kante falten, sodass ein kleines Dreieck entsteht.

11 Die untere Spitze nach oben falten und unter das obere Dreieck stecken, um sie zu fixieren.

12 So entsteht eine Stiefelform.

13 Den Stiefel so auf seine „Sohle" stellen, dass die Spitze von Ihnen weg weist.

14 Die Daumen zwischen die oberen Stofflagen stecken und die Krempe umschlagen. An den Platz eines jeden Gastes einen fertigen Stiefel stellen.

④⑤ Falter

Für den Falter eignen sich Servietten in beliebigen Farben und Mustern, sie sollten jedoch nicht zu dünn sein und mit viel Sprühstärke gebügelt werden, damit sie die Form gut halten. Die Flügelspitzen sollten zum Schluss noch einmal gebügelt werden. Ich habe eine Serviette in Gold und Braun mit Blütendruck verwendet, die den Eindruck eines Falters noch unterstreicht – eignet sich besonders für Gartenpartys.

❶ Die Serviette mit der rechten Seite nach unten und dem Einschlagsaum nach oben als Quadrat ausbreiten.

❷ Die untere Hälfte nach oben falten, sodass ein horizontales Rechteck entsteht.

❸ Die rechte Kante zur Oberkante falten.

❹ Die linke Kante ebenfalls zur Oberkante falten, sodass ein Dreieck entsteht.

❺ Die Serviette umdrehen. Diese noch immer nach unten zeigende Spitze mit der linken Hand auf der Arbeitsfläche fixieren. Mit der rechten Hand die schräge rechte Unterkante zur vertikalen Mittellinie falten, sodass die Spitze übersteht.

❻ Die untere Spitze weiter fixieren und die schräge linke Unterkante ebenfalls zur vertikalen Mittellinie falten, sodass die Figur eine Drachenform annimmt.

7 Unter die rechte Hälfte des Drachens greifen und die rechte obere Ecke aus der Mitte des Drachens nach rechts herausziehen.

8 Unter die linke Hälfte greifen und die linke obere Ecke aus der Mitte nach links herausziehen. Das Ergebnis ist eine Raute.

9 Die Serviette umdrehen, wobei dieselben Spitzen wie zuvor nach oben bzw. unten weisen.

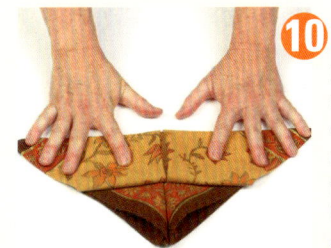

10 Die untere Spitze nach oben zur Mitte der Raute falten, dann die Unterkante noch einmal umfalten, sodass ein Dreieck entsteht.

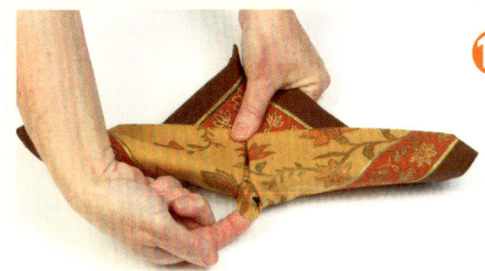

11 In die Mitte der Dreiecksbasis zwischen rechter und linker Seite greifen und das Band leicht herausziehen, um die Flügel voneinander zu trennen.

12 Die beiden oberen Spitzen leicht auseinanderziehen und die linke und rechte Seite an der Unterkante zusammenschieben, damit die Mitte plastisch hervortritt und den Körper des Falters bildet.

46 Großer Schwan

Diese Figur gelingt am besten mit einem dünnen Stoff, der jedoch zugleich steif sein muss. Verwenden Sie daher beim Bügeln vor dem Falten reichlich Sprühstärke. Wählen Sie eine einfarbige Serviette, damit die Lagen der Faltungen nicht durch ein unruhiges Muster verschwimmen. Ich habe eine hellgrüne Serviette verwendet, aber auch Weiß wäre sehr hübsch. Der Schwan ist eine klassische figürliche Faltform, wie man sie auf Kreuzfahrtschiffen oder in Restaurants alten Schlages zu sehen bekommt. Setzen Sie daher auf diesen Trumpf, wenn Sie wirklich Eindruck schinden wollen.

1 Die Serviette mit der rechten Seite nach unten und dem Einschlagsaum nach oben als Quadrat ausbreiten.

2 Die obere Hälfte nach unten falten, sodass ein horizontales Rechteck entsteht.

3 Die rechte Hälfte nach links falten, sodass aus dem Rechteck ein Quadrat wird.

4 Das Quadrat zur Raute drehen, sodass die offene Ecke oben liegt. Die untere Ecke mit der linken Hand fixieren. Mit der rechten Hand die schräge rechte Unterkante zur vertikalen Mittellinie falten.

5 Die schräge linke Unterkante auf die gleiche Weise zur vertikalen Mittellinie falten, sodass eine Drachenform sichtbar wird.

6 Die Serviette umdrehen, wobei dieselben Spitzen wie bisher nach oben bzw. unten weisen. Die untere Spitze mit der linken Hand festhalten und die schräge rechte Unterkante zur vertikalen Mittellinie falten.

7 Die schräge linke Unterkante ebenfalls zur vertikalen Mittellinie falten.

8 Die untere Spitze zur oberen Spitze falten.

9 Die linke und die rechte Seite unterhalb der Serviette zusammenbringen.

10 Die Faltform auf ihrer Basis aufrecht hinstellen.

11 Die schmalere Spitze zum Kopf des Schwans umfalten.

12 An der breiteren Seite der Figur die vier Stofflagen eine nach der anderen auseinanderziehen, sodass die Schwanzfedern des Schwans sichtbar werden.

13 An jedem Platz einen Schwan, gestützt von seinen Schwanzfedern, arrangieren.

47 Hase

Der niedliche Hase sieht aus, als sei er pünktlich zur Party auf Ihren Tisch gehoppelt. Kinder und Erwachsene werden von dieser lustigen Faltform begeistert sein und zögern, sie für ihren eigentlichen Zweck zu entfalten. Ich habe einen Baumwollstoff mit fröhlichem Kirschendruck verwendet, aber für den Osterbrunch eignet sich auch jeder Pastellton. Die Figur gelingt am besten mit einer großen dünnen Serviette, weil die vielen Lagen stark auftragen.

1 Die Serviette mit der rechten Seite nach unten und dem Einschlagsaum nach oben als Quadrat ausbreiten.

2 Die obere Hälfte nach unten falten, sodass ein horizontales Rechteck entsteht.

3 Die obere Hälfte noch einmal nach unten falten, sodass ein schmales, horizontales Rechteck entsteht.

4 Die Mitte der Oberkante mit der linken Hand auf der Arbeitsfläche fixieren. Mit der rechten Hand die rechte Hälfte der Oberkante zur vertikalen Mittellinie falten.

5 Die linke Hälfte der Oberkante ebenfalls zur vertikalen Mittellinie falten.

6 Die rechte untere Ecke zur Mitte der Serviette falten.

7 Die linke untere Ecke ebenfalls zur Mitte der Serviette falten, sodass eine Raute entsteht.

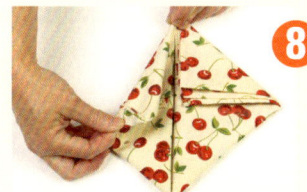

8 Die rechte Unterkante zur vertikalen Mittellinie falten.

9 Die linke Unterkante ebenfalls zur vertikalen Mittellinie falten. Das Ergebnis ist eine Drachenform.

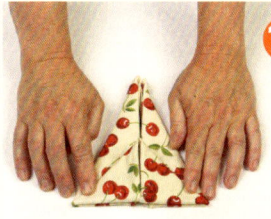

10 Die Serviette umdrehen, wobei dieselben Spitzen wie bisher nach unten bzw. oben weisen. Die obere Spitze nach unten falten, sodass die Figur eine Dreiecksform annimmt.

11 Die Serviette wieder umdrehen. Die Spitze des Dreiecks weist nach wie vor auf Sie.

12 Das rechte Drittel der Serviette nach links falten.

13 Die linke Spitze nach rechts falten und unter die oberste Lage aus dem vorhergehenden Faltschritt stecken.

14 Die Serviette umdrehen und die beiden oberen Spitzen als Ohren auseinanderziehen.

15 Auf jedem Teller ein Häschen aufrecht platzieren.

④⑧ Hawaii-Hemd

Um die witzige, lässige Wirkung dieser Faltfigur noch zu steigern, sollten Sie einen tropisch angehauchten Stoff wählen, wie zum Beispiel die dunkelgelb und orange gemusterte Serviette, die ich hier verwendet habe. Die Faltform gelingt mit Stoffen jeder Stärke, Farbe und Musterung. Stärken und bügeln Sie die Servietten vor dem Falten und überbügeln Sie die fertig gefalteten Hemden noch einmal, damit sie die Form gut halten. Das ist besonders bei kleineren oder dickeren Stoffen notwendig.

❶ Die Serviette mit der rechten Seite nach unten und dem Einschlagsaum nach oben als Quadrat ausbreiten.

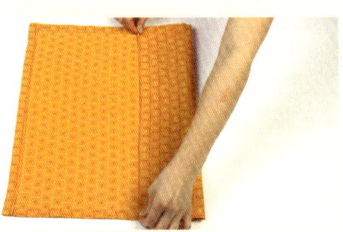

❷ Die linke Kante zur vertikalen Mittellinie der Serviette falten.

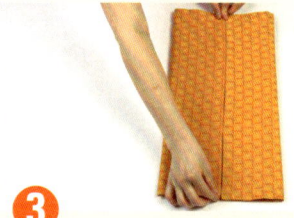

❸ Die rechte Kante ebenfalls zur vertikalen Mittellinie falten.

❹ Die Unterkante ca. 2,5 cm breit nach unten umfalten.

❺ Die linke untere Ecke schräg zur vertikalen Mittellinie falten, sodass links ein schmales Dreieck sichtbar wird. Es stellt die Hälfte des Hemdkragens dar.

❻ Die rechte untere Ecke ebenfalls schräg zur vertikalen Mittellinie falten. Dabei wird wieder ein schmales Dreieck sichtbar – die andere Hälfte des Hemdkragens.

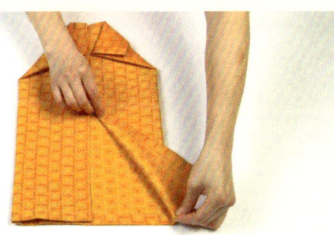

7 Die Mitte der Serviette mit der rechten Hand auf der Arbeitsfläche fixieren. Mit der linken Hand die obere Lage der linken Hälfte an der Oberkante erfassen und die lose Ecke so nach außen falten, dass links ein kleines Dreieck übersteht.

8 Nun die Mitte der Serviette mit der linken Hand fixieren und mit der rechten Hand die obere Lage der rechten Hälfte an der Oberkante erfassen. Die lose Ecke nach außen falten, sodass auch hier ein kleines Dreieck rechts über die gerade Kante hinaussteht.

9 Die Oberkante nach unten zum Kragen umschlagen und unter die Kragenecken stecken.

㊾ Rosenknospe

Diese entzückende Figur sieht besonders elegant aus, wenn man sie aus einer weißen Serviette faltet, wirkt aber auch in anderen Farben und Mustern effektvoll. Hier habe ich eine einfarbig blaue Serviette gewählt. Wegen der vielen Lagen eignen sich dünnere Stoffe am besten. Bügeln Sie die Servietten vor dem Falten mit Sprühstärke.

❶ Die Serviette mit der rechten Seite nach unten und dem Einschlagsaum nach oben als Quadrat ausbreiten.

❷ Das untere Drittel nach oben falten.

❸ Die Oberkante zur Unterkante falten, sodass ein horizontales Rechteck entsteht.

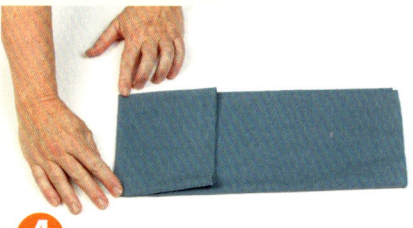

❹ Die rechte Kante zur vertikalen Mittellinie der Serviette falten.

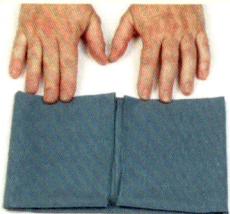

❺ Die linke Kante ebenfalls zur vertikalen Mittellinie falten.

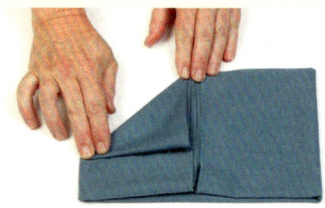

❻ Die rechte Hälfte der Unterkante zur vertikalen Mittellinie falten.

7 Die verbleibende linke Unterkante ebenfalls zur vertikalen Mittellinie falten, sodass eine nach unten weisende Spitze entsteht.

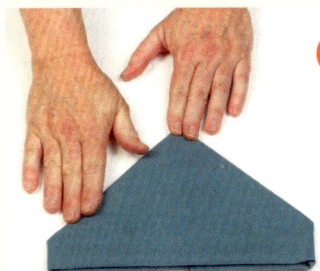

8 Die Serviette umdrehen. Die Spitze weist nach wie vor nach unten.

9 Die gerade rechte Kante so nach links unten falten, dass die bisherige rechte Unterkante des Dreiecks jetzt eine horizontale Linie über das untere Drittel der Serviette bildet.

10 Die gerade linke Kante der Figur nach rechts unten falten, sodass sie die vorherige Faltung überlappt und die bisherige linke Unterkante des Dreiecks eine horizontale Linie über das untere Drittel der Serviette bildet. Die Ecke unter die obere Lage der vorhergehenden Faltung stecken, um sie zu fixieren.

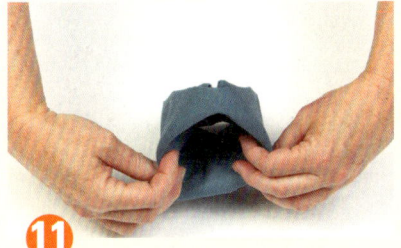

11 Die Serviette umdrehen, die große Öffnung unten zu einem Kreis ausformen und die Serviette aufstellen.

50 Spitzenfächer

Der Spitzenfächer hält nur dann seine Form und bleibt aufrecht stehen, wenn man ihn aus einem festen, gut gestärkten Stoff faltet. Ich habe mich für eine dunkelblaue Serviette entschieden, aber auch gemusterte Servietten eignen sich, solange der Stoff steif genug ist. Die Mühe, diesen doppelten Fächer für jedes Gedeck zu falten, lohnt sich, denn diese Faltform wirkt ausgesprochen eindrucksvoll.

1 Die Serviette mit der rechten Seite nach unten und dem Einschlagsaum nach oben als Quadrat ausbreiten.

2 Die Unterkante bis zur horizontalen Mittellinie der Serviette falten.

3 Die Oberkante ebenfalls bis zu horizontalen Mittellinie falten.

4 Die Unterkante zur Oberkante falten, sodass ein schmales, horizontales Rechteck entsteht.

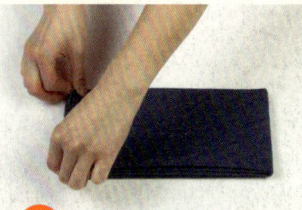

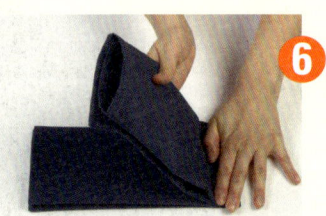

5 Die linke Hälfte über die rechte legen.

6 Die linke Kante mit der linken Hand fixieren und die obere Lage mit der rechten Hand zurück nach links falten, dabei jedoch 2,5 cm an der linken Kante geschlossen lassen.

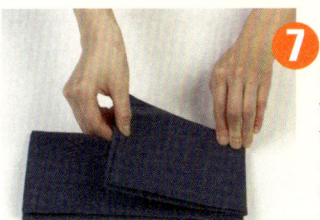

7 Die linke Kante wieder nach rechts falten, sodass die Faltkanten am linken Rand übereinstimmen.

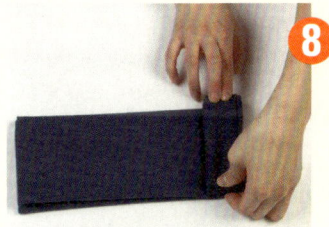

8 Die obere Lage bis zum Ende weiter ziehharmonika-artig falten.

9 Die Serviette umdrehen, die bisherigen Ziehharmonika-faltungen liegen nun links.

10 Die jetzige obere Lage ebenfalls ziehharmonika-artig in Falten legen.

11 Die Serviette mit einer Schmal-seite auf die Arbeitsfläche stellen, sodass die „offene" Seite nach oben zeigt.

12 Die Kanten der Serviette auf-fächern. Dabei die beiden Lagen jedes Falzes aus-einanderziehen, sodass von oben gesehen rauten-artige Formen erscheinen.

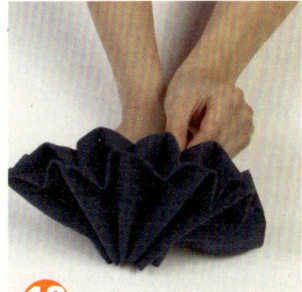

13 Die Unterkante der Serviette auf den Tisch aufsetzen und die Serviette zu beiden Seiten hin auffächern.

Hinweise:
Die Faltschritte wurden so fotografiert, dass der Fotograf dem Model gegenübersitzt und ihm nicht über die Schulter fotografiert. So sehen wir alle Schritte spiegelverkehrt: Wenn z. B. von unten nach oben gefaltet werden soll, zeigt das Bild eine Faltung von oben nach unten etc.
Sie können die Servietten nach dem Falten noch einmal bügeln, um perfekte Kanten zu erhalten. Aber Vorsicht, dass sie dadurch nicht plattgedrückt wirken.

HEEL Verlag GmbH
Gut Pottscheidt
53639 Königswinter
Tel.: 02223 9230-0
Fax: 02223 9230-13
E-Mail: info@heel-verlag.de
www.heel-verlag.de

© der deutschen Ausgabe: 2011 HEEL Verlag GmbH

Originalausgabe:
Published by Robert Rose Inc.
120 Eglinton Avenue East, Suite 800
Toronto, Ontario
Canada M4P 1E2
www.robertrose.ca

Originaltitel: *Perfect Table Settings*
Original-ISBN 978-0-7788-0254-9

Text: © 2010 Denise Vivaldo
Layout: © 2010 Robert Rose Inc.
Design und Produktion: Andrew Smith und Joseph Gisini/PageWave Graphics Inc.
Redaktion: Sue Sumeraj
Art Direction und Styling: Denise Vivaldo und Cindie Flannigan

Deutsche Ausgabe:
Übersetzung aus dem Englischen: Helene Weinold, Violau
Satz: Fred Klöpfel, Muser Medien GmbH, Mannheim
Lektorat: Ulrike Reihn-Hamburger

Fotos: Jon Edwards and Associates / © 2010 Denise Vivaldo
Mit Ausnahme von: © iStockphoto.com: Cover rechts und S. 12: Kieran White,
S. 15, 16: Lisa Thornberg, S. 19: Jill Chen.

Printed in Czech Republic

ISBN 978-3-86852-463-5